# Utan religionsfrihetens rättigheter och begränsningar ingen demokrati

## 26 inspirationstexter för religionspolitiska samtal
## 33 relgionspolitiska förslag

Ulf Lönnberg

*Franz Kafka (1883-1924)*
*"Att rätt uppfatta en sak*
*och att missförstå samma sak*
*utesluter inte helt vartannat."*

Förlag: BoD – Books on Demand, Stockholm, Sverige
Tryck: BoD – Books on Demand, Norderstedt, Tyskland

ISBN: 9789177854524

# Innehåll

Krönikor:

# Förord

Sverige behöver en målinriktad religionspolitik. Med den ska vi säkra rättsstatens religionsfrihet med de rättigheter och begränsningar som anges i FN:s konventioner om mänskliga rättigheter och religionsfrihet.

Ökande närvaro av människor som anammar normer och rättsuppfattningar som råder i teokratiska regimer och som inte respekterar vår syn på demokrati och religionsfrihet ställer Sverige inför stora utmaningar.

Den som i religionsfrihetens namn tillämpar religiöst tvång, hedersförtryck och egna straffsatser utifrån bokstavstolkade religiösa urkunder överträder de facto religionsfrihetens legala begränsningar.

De som inte accepterar vårt konstitutionellt självständiga rättsväsende och som verkar för en ny rättsordning, med sharialagar som yttersta mål, agerar också med en tydligt politisk agenda. Politiska aktörer ska bemötas med politiska argument.

Jag nalkas dessa frågor utifrån praktiska iakttagelser. Jag och skissar på ett antal konkreta religionspolitiska reformer för att stärka vår religionsfrihet. Mina förslag syftar också till att stärka Sveriges fortsatta vidareutveckling på den västerländska judisk-kristna traditionen som tjänat oss väl.

Det här är en personlig och partipolitiskt obunden invit till medborgare och politiker som tar ställning för en religionsfrihet med starka rättigheter och rättssäkra begränsningar för upprätthålla vår demokrati. Om denna

7

debattskrift inspirerar fler att presentera andra förslag, som kanske är bättre, är det naturligtvis uteslutande en fördel ur min synpunkt.

Denna debattskrift är mitt privata initiativ. Faktaredovisningen är inte heltäckande. Förslagen till religionspolitiska reformer är skissartade. Framförda synpunkter och förslag är mina egna.

>För lättare tillgänglighet finns notapparatens länkar också på www.ulflonnberg.com/lankar-2/

Stockholm i december 2019
Ulf Lönnberg

# 1  Ett politiskt sakområde

**I**

Religionspolitiken ska vara ett politiskt sakområde
bland alla andra. Den ska vidareutvecklas, analyseras,
kriti-seras och uppdateras över tid. Med den ska vi upp-
rätthålla religionernas och religionsutövarnas grund-
lagsfästa rättigheter. Religionsfriheten är inte – och ska
inte vara – villkorslös och obegränsad.

Våra religionspolitiska mål ska rymmas inom ramarna
för FN:s mänskliga rättigheter och Europakonventio-
nens skydd för de mänskliga rättigheterna.

Europakonventionen trädde i kraft som svensk lag den
1 januari 1995. Enligt artikel 9 är inskränkningar i reli-
gions- och trosfriheten tillåtna under förutsättning att de
är föreskrivna i lag och nödvändiga i ett demokratiskt
samhälle med hänsyn till den allmänna säkerheten eller
till skydd för allmän ordning, hälsa eller moral eller till
skydd för andra personers fri- och rättigheter.

Utan rättsstatens grundlagsfästa religionsfrihet finns
ingen demokrati. I den sekulära rättsstaten tjänar inte
religiösa urkunder och dogmer som rättskällor i lag-
stiftningsarbetet. I den sekulära rättsstaten hålls religio-
nerna åtskilda från politiken. I sekulära rättsstaten, som
vår, är religioner aldrig förbjudna.

Staten ska inte styra eller lägga sig i vilka politiska, re-
ligiösa eller filosofiska inriktningar som individen hy-
ser. Religiös tro är den enskildes angelägenhet.

Vår religionsfrihet garanterar allas rätt att byta eller lämna sin religion. Alla ska slippa religiöst integritetskränkande påverkan och uttryck. Det är inte tillåtet att hota, uppvigla eller våldföra sig i religionens namn.

## II

För och emot konfessionella friskolor är en av få konkreta, religionspolitiska sakfrågor som är tydligt partiskiljande idag.

Den politiska viljan att öka myndighetskontroller och eventuellt skärpa lagstiftning för att offentliga bidrag till ideella organisationer inte ska kunna gå till extremistiska, religiösa och/eller odemokratiska krafter är alltför ännu svag.

Under de senaste decennierna har närvaron av religiösa markörer som klädkoder, krav på böneutrop, påtryckningar om skilda badtider för män och kvinnor m m ökat. Det väcker frågor om hur vi ska förhålla oss till allt fler religiösa uttryck i det offentliga rummet. Ju fler sådana uttryck, desto större konsekvenser. Det väcker frågor om hur vi bäst kan och ska försvara vår sekulära, demokratiska rättsstat.

Religionspolitiken ska vidareutvecklas. Vi behöver skapa förutsättningar för ett tryggat och begränsat utrymme för religionernas olika traditioner, moralbegrepp och existentiella orienteringar. Det innebär också att religionernas visioner och levnadsregler inte får påtvingas någon individ eller några grupperingar.

## III

Statlig kontroll av olika religiösa aktörers verksamheter är förvisso inte obefintlig och det finns fler än följande exempel på brister och övertramp som beivrats:

-Nyligen (juli 2019) fälldes Jehovas Vittnen i tingsrätten för att ha visat filmer för barn utan att dessa har granskats av Statens medieråd. Jehovas Vittnen har överklagat och fortsätter att visa samma filmer för fler barn.

Jehovas Vittnen har under 12 år förvägrats det statliga ekonomiska stöd som andra trossamfund får. Bakgrunden har varit att de vägrar acceptera och ta emot blodtransfusion. Men Johovas Vittnen vägrar inte sådan läkarvård när det gäller barn.

Den 24 oktober 2019 ändrade sig regeringen med hänvisning till Högsta förvaltningsdomstolens dom från 2017. Högsta förvaltningsdomstolen slog då samtidigt fast att en förutsättning för statsbidrag var att samfundet inte uppmanar sina medlemmar att inte godta att samhället i vissa frågor ingriper till förmån för barn.

-Plymothbrödernas friskola i Smålandsstenar kritiserade Skolinspektionen (2014) för att inte ha följt läroplanen, att undervisningen brustit i saklighet och att undervisningen hade styrts alltför mycket av föräldrarna.

-År 2012 stängde Skolinspektionen Al-Huda centrala skola i Solberga för att undervisningen inte följde läroplanen och att skolan skrev ut felaktig betygsdokumentation

-Den muslimska friskolan Al-Azhar i Stockholm lät flickorna (2017) sitta längst bak och pojkarna längst fram i deras skolbuss.

IV
Det ligger i sakens natur att ledare för religiösa rörelser i vissa situationer kan känna sig särskilt utpekade. Inte

sällan hänvisar dessa då felaktigt till religionsfriheten när deras uttryckssätt, traditioner, förehavanden och företagsverksamheter ifrågasätts eller stoppas.

Vi får inte underskatta riskerna med och konsekvenserna av vissa individers och gruppers extremistiska ambitioner att sprida och befästa sin bokstavstrogna tillämpning av religiösa urkunder där de bor, arbetar och verkar i Sverige.

☐ Med information och opinionsbildning ska förståelse och respekt etableras för Sverige som sekulär, demokratisk rättsstat.

☐ Sverige ska alltjämt och framgent vila på – och ska byggas vidare på – den väster-ländska judisk-kristna traditionen.

☐ Religionsfriheten med dess rättigheter och begränsningar ska upprätthållas inom de ramar som FN:s skydd för mänskliga rättigheterna och Europakonventionens skydd för de mänskliga rättigheterna stipulerar.

V

Politikerns individuella engagemang må inspireras av hans eller hennes personliga religiösa, filosofiska och/ eller existentiella orientering. Låt oss här utgå ifrån att politiker arbetar för sitt partis politiska mål utifrån sina egna personliga ideal och visioner om ett ett gott samhälle – som är större än staten.

Politiker som är genuint religiösa och som vill ha styrka och rådighet för att i praktiken upprätthålla boskillnaden mellan politik och religion har i den fd tyske finansministern Wolfgang Schäube en god vägvisare.

Vid de protestantiska kyrkornas synod i Magdeburg i
november 2016 sade han:

**"Staten kan inte och ska inte
ansvara för nåden
men har i uppgift att skapa förutsättningar
så att den enskilde
kan agera barmhärtigt."** [1]

## VI
Politiker med teokratiska ideal har i denna sak en mot-
satt utgångspunkt. I många länder med islamska tradi-
tioner är Koranen också en del av rättsordningen inom
vilken sharialagar tillämpas.

I världspolitiken har man att hantera gränssnittet mel-
lan demokratiska rättsstater å ena sidan och teokratier
och diktaturer av olika dignitet å den andra. Internatio-
nella konventioner, diplomati och handelsavtal skapar
förutsättningar för den samexistens som verkligheten
påbjuder oss alla.

I Sverige ska vi hålla fast vid vår sekulära rättstradition
och vi ska upprätthålla vår religionsfrihet, vilka utgör
två av flera förutsättningar för vårt öppna samhälle.

## VII
Över tid ska vi stärka religionsfriheten inom ramen för
FN:s konventioner om de mänskliga rättigheterna. Vår
utgångspunkt är att vi med den judisk-kristna traditio-
nen som grund ska – när så krävs – i minsta nödvändig
grad kringskära alla religiösa uttryck, traditioner och

---

1   www.zeit.de/2016/49/religion-politik-staat-kirche-
    einfluss

13

normer – även de kristna – för att upprätthålla den demokratiska rättsstatens lika rättssäkerhet för alla.

Det är ett politiskt vägval och en nödvändig motvikt mot tankarna i Kairodeklarationen från 1999, där de undertecknande länderna reserverade sig mot den religionsfrihet som stadfästs i FN:s mänskliga rättigheter.

## IIX

I de islamiska teokratierna som finns i dagens värld ges islam – genom Koranen som rättskälla – företräde framför andra religioners lagliga tillämpning. I Sverige ska västerländsk judisk-kristen tradition ges företräde framför andra religioner.

Den stora skillnaden är att inom vår tillämpning av FN:s religionsfrihet – med dess rättigheter och begränsningar – har vi som ledstjärna att inte förbjuda någon form av religionsövning, och inte heller påtvinga någon en sådan.

Vi tillämpar heller inte religiösa urkunder som källa för vår rättsordning. I Sverige är vi återhållsamma med att begränsa individens tolkning och tillämpning av sin religion. I Sverige begränsar vi religiösa uttryck i det offentliga rummet endast när vi bedömer sådana som påtvingande eller integritetskränkande.

## IX

Det handlar om vårt religionspolitiska val i vår demokratiska rättsstat för att upprätthålla den judiskkristna traditionen som norm- och traditionsbärare. Se vidare kapitel VI, Kairodeklarationen versus FN.

För att optimalt vidmakthålla den judisk-kristna traditionen ska vi också kritiskt pröva alla lagar och organisatoriska funktioner som direkt eller indirekt korsar rågången mellan religion och politik. I det perspektivet ska alla olika religioners plats och verkan granskas.

I de fall vårt kulturarv, våra traditionella normer och värderingar kräver särskild omsorg för att inte undanträngas av målmedvetna religiösa krafter ska de västerländska judisk-kristna förutsättningarna och uttrycken ges företräde genom politisk positiv särbehandling. Praktiskt innebär det att vid behov göra politiskt återhållsamma ställningstaganden för att skydda Sverige mot i första hand extremt islamisk teokratisk rättstillämpning i civilsamhället.

Det innebär även att religionspolitiskt och allmänpolitiskt motverka religioner som inkluderar tvång och underkastelse eller som undergräver yttrandefriheten.

X
För bredast möjliga acceptans för vårt kristna arv ska vi fullt ut klippa banden mellan staten och Svenska kyrkan.

Vi ska också ompröva, minska och även dra tillbaka offentliga bidrag till religiösa organisationer, även kristna.

I ett antal fall kommer det att kräva konkreta beslut om vissa begränsningar av olika kulturella/religiösa traditioners fria rätt till uttryck i det offentliga rummet (ex-vis mot klädkoder, böneutrop) och om lagändringar (ex-vis om månggifte, könsstympning, tvångsgifte inom och utanför Sveriges gränser).

I Sverige har alla rätt att utöva sin tro.

I Sverige får ingen påtvinga någon sin tro med hot eller våld.

I Sverige har alla rätt att byta eller lämna en religion utan att trakasseras.

☐ I Sverige ska vi upprätthålla religionsfriheten genom att ta ställning till vilka fler och nya religiösa symboler och handlingar som ska skyddas i lag och vilka som ska förbjudas i lag.

# 2 Individ, politik och tro

## I

Människor utvecklar och tillämpar normer och dygder utifrån sina och omgivningens erfarenheter, filosofiska tankemodeller, religiösa tillhörigheter och omgivande arvs- och miljöfaktorer. När vi blir äldre, kan vi blicka tillbaka på vår egen utveckling, våra egna livsval och vi kan peka ut vad som kom att påverka oss mest i olika riktningar. Över tid kan vi ta oss an små och stora problem, utmaningar och uppgifter med nya ingångsvärden. Ofta stretar vi emot eller blir vankelmodiga, ibland känns det obekvämt att ändra ståndpunkt medan vi vid vissa tillfällen stolt deklarerar varför vi intar en ny ståndpunkt just då och där.

Att ta sig an de stora existentiella frågorna – med eller utan religiösa förtecken, enskilt eller tillsammans med andra – skyddas i grundlagens religions-, åsikts- och yttrandefriheter. Detta värnar vi omsorgsfullt samtidigt som vi kräver att politiker ska hålla religionen åtskild från sin politiska gärning.

Politiskt förtroendevalda individer är som alla andra människor. Oavsett religiös tillhörighet eller ingen allas vägleds de i sin politiska gärning av ideologisk övertygelse, sina livserfarenheter och kanske också av religiösa eller filosofiska normer, påbud, dogmer.

Det är oproblematiskt under förutsättning de – politikerna – konsekvent upprätthåller boskillnaden mellan religiösa urkunders och traditioners tvingade lagar och normer å ena sidan och Sveriges konstitution, rättsordning och den demokratiska beslutsprocessens förutsägbara regelverk, å den andra.

Lagarna och rättsväsendet står över den enskildes rätt och han eller hon får utifrån sina tolkningar av religiösa budskap inte ta sig friheten att bryta mot landets lagar. Vår västerländska religionsfrihet skyddar den enskildes rätt till tanke- och åsiktsfrihet men tillåter inte den enskilde att utifrån religiösa påbud agera olagligt i religionsfrihetens namn.

## II
Lagar kan och ska endast stiftas och legitimeras i konstitutionellt antagna beslutsprocesser och av särskilt valda representanter (parlamentariker). Lagar ska inte stiftas av biskopar, patriarker, rabbiner, imamer eller andra religiösa eller sekulära ledare utanför parlamentet eller likvärdiga församlingar.

## III
I sitt första principprogram år 1964 slog kristdemokraterna – dåvarande KDS – fast att partiet skulle vara icke-konfessionellt. Detta i motsats till det norska Kristelig Folkparti som hade ett bekännelsekrav för partimedlemskap.[2] I Sverige har vi hittills inte haft något konfessionellt parti i Riksdagen.

Ett parti i Sverige som per definition kan klassas som konfessionellt är Piratpartiet. Det har aldrig haft plats i Riksdagen men hade ett mandat i EU-parlamentet 2009-2014. Partiet kan sägas ha varit konfessionellt då dess ungdomsförbundsordförande Gustaf Nipe registre-

---

2 Lennart Sacredeus: Kristdemokratin i Europa, sid 19, Universitetstryckeriet Karlstad 2018

rade in trossamfundet Kopimistsamfundet för att i religionsfrihetens namn verka för fri fildelning. Han sa sig inte se någon skillnad mellan religion och politik sin strävan att få fildela fritt. Se vidare i kapitel 23.

## IV

Politiker ska, i enlighet med sin ideologi, ta ansvar för att skapa goda normer och tillit i samhället. De ska agera med öppna agendor. De ska granskas och utvärderas av väljarna.

Vàclav Havel, dramatiker och Tjeckiens president 1993-2003, skrev i sin bok Sommartankar:

**"Det beror i hög grad på politikerna
vilka sociala krafter de frigör
och vilka de undertrycker,
om de söker stöd hos det bästa
som finns hos varje medborgare
eller det sämsta
som finns hos varje medborgare."**

# 3 Religionsfriheten och vårt kristna arv

## I

Det är i den västerländska judiskt-kristna traditionen som vi ska försvara trossamfunds och individers religiösa rättigheter och avvärja religiöst maktmissbruk i religionsfrihetens namn. Nu och för framtiden krävs en målmedveten religionspolitik för att upprätthålla förståelse och respekt för Sverige som demokratisk rättsstat.

Religiösa dogmatiska urkunds-tolkningar ska inte tjäna som politiskt rättesnöre för statens konstitution och rättsväsende såsom fallet är i teokratier.

I Sverige ska religiöst, filosofiskt och ideologiskt grundade normer tillämpas inom ramen för vår rättsordning.

☐ Sverige ska alltjämt och framgent vila på – och ska byggas vidare på – den västerländska judisk-kristna traditionen.

☐ Religionsfrihetens rättigheter och begränsningar måste ständigt försvars och upprätthållas.

☐ Religiösa och politiska opinionsbildare som verkar för en teokratisk rättsordning ska bemötas med politiska argument.

## II

Sverige ska vårda och upprätthålla sina historiskt kristna avtryck. Några av dessa är lagfästa. De är en viktig del i vår omsorg om vårt kulturella arv:

• Enligt grundlagen måste statschefen (i vårt fall kungen) alltid vara av den "rena evangeliska läran" så som den kommer till uttryck i den Augsburgska bekännelsen från 1530. Det gäller inte kungafamiljen i övrigt.

• Sverige har 13 helgdagar på kristen grund och två sekulära helgdagar: första maj sedan 1939 och Sveriges nationaldag sedan 2005.

• I skolans läroplan stipuleras att skolan ska arbeta "i överensstämmelse med den etik som förvaltats av kristen tradition och västerländsk humanism". Det ska ske "genom individens fostran till rättskänsla, generositet, tolerans och ansvarstagande. Undervisningen i skolan ska vara icke-konfessionell."

• Alla helgdagar inklusive söndagarna är kyrkliga helgdagar med ursprung i kristendomen. Det gäller också övriga helgdagar med undantag för midsommardagen (som nu också firas som som Johannes Döparens födelsedag).

## III
Samhället är under ständig förändring. Normer och traditioner är inte statiska. Individers och grupperingars geografiska och tidsmässiga referenspunkter varierar beroende på individers erfarenheter och nationalitet. Kunskap och influenser rör sig över nationsgränser i alla riktningar med olika intensitet. Historien har lärt oss att avskärmning och nationellt navelskådande göder fördomar och hämmar utvecklingen.

## IV
I Sverige garanteras olika religioner – gamla och nya som förs hit eller uppstår här – att över tid kunna samexistera med vår kultur och våra kulturella traditioner.

Med de förutsättningarna vi ska verka för att ingen religionsutövning förbjuds i Sverige.

Med de förutsättningarna vi ska verka för att ingen individ kan förvänta sig att i de offentliga rummen helt slippa att möta religiösa uttryck och symboler.

☐ Den kontraproduktiva eftergiftspolitiken i religionsfrihetens namn mot teokratiska strömningar och politisk islam måste upphöra. Den gagnar inte minst islamister som vill omdana vår rättsordning.

☐ Det behövs träffsäker lagstiftning som främjar den västerländska judisk-kristna traditionen på minsta möjliga bekostnad för andra religioners traditioner.

För att så långt som möjligt få kunskap, förståelse och acceptans för vår religionsfrihet måste vi också, så långt som möjligt, ompröva ekonomiskt stöd till kristna samfund och andra religiösa organisationer. Det är i den kontexten vi har att finna adekvata ingångsvärden för att vårda vårt kristna arv och att säkerställa att vi framgent vidareutvecklar Sverige på våra traditioner och kulturella arv.

Religionspolitiken ska skärpas och lyftas till det sakpolitiska område det är bland de övriga och med vilka vi formar Sveriges framtid.

# 4 Olika syn på religionsfrihet

## I

Efter andra världskriget stod världen inför nya politiska förutsättningar i ett nytt politiskt landskap. Under de närmare sjuttiofem år som gått sedan dess har nationernas politik förändrats och de internationella samarbetsformerna omdanats.

Religiöst starka och extremistiska krafter tar för sig allt mer i västerlandet och i det internationella samfundet. Vår syn på individens religionsfrihet, med de rättigheter och begränsningar som statueras i FN:s mänskliga rättigheter, undergrävs i UNESCO av muslimska krafter som hänvisar till "asiatiska värden."

År 1998, till 50-årsfirandet av FN:s allmänna förklaring om de mänskliga rättigheterna, publicerade ett antal före detta statschefer och religiösa företrädare en "kompletterande deklaration", A Universal Declaration of Human Responsibilities. De anser att FN:s deklaration om de mänskliga rättigheterna överbetonar och fokuserar alltför snävt på individens rättigheter, detta på bekostnad av individens skyldigheter. Enligt de "asiatiska värdena" anses sociala och religiösa traditioner ha mindre fokus på individens egna rättigheter i relation till hans och hennes (olika) skyldigheter gentemot andra individer och mot gemenskapen (klanen, staten, min anm). De menar att det behövs ett kompletterande fokus på individens skyldigheter gentemot gemenskapen.

## II

Den tidigare föreståndaren för Raoul Wallenberg-

23

institutet i Lund, Gudmundur Alfredsson, kritiserar å sin si-da UNESCO:s Common Framework for Ethic, som en-ligt honom på flera punkter går emot FN:s allmänna förklaring om de mänskliga rättigheterna. Han noterar också att UNESCO nu visar en trend att i internationel-la sammanhang undergräva FN:s förklaring med moti-veringen att "den är västerländskt präglad och stämmer dåligt med etiska traditioner i Asien".

Den norske antropologen Thomas Hylland Eriksen an-ser dessutom att det är svårt att utläsa UNESCO:s egentliga inställning till FN:s allmänna förklaringar. I en kommentar till UNESCO:s rapport "Vår skapande mångfald" uppmärksammar han oss på UNESCO:s för-sök att inkorporera grupprättigheter och kulturbegrepp utifrån gamla värden som hör hemma i en annan tids stamsamhällen.

**III**

Det finns här anledning att fästa uppmärksamheten på att det i FN:s allmänna förklaring om de mänskliga rät-tigheterna också uttryckligen står i artikel 29, att den enskilde individen har skyldigheter mot det omgivande samhället.

För sina religionspolitiska syften utmanar UNESCO de västerländska demokratiska staternas rättsordningar.

☐ Sverige ska gå i bräschen och tydligt försvara skrivningarna i FN:s mänskliga rättigheter.

☐ Sverige ska avvisa de "kompletterande grupprätt-tigheter" som UNESCO förordar.

# 5 Mänskliga rättigheter i FN och i Europa

## I

Det internationella arbetet för mänskliga rättigheter tar sin utgångspunkt i FN:s allmänna förklaring om de mänskliga rättigheterna från 1948. De rättigheter som inryms i förklaringen har senare förts in och vidareutvecklats i ett antal konventioner som är bindande för de anslutna staterna. En stor majoritet av världens länder har anslutit sig till konventionerna. Tillsammans utgör de ett universellt ramverk för arbetet med de mänskliga rättigheterna.

Det finns anledning att i politiska sammanhang påminna om FN:s skrivningar i olika konventioner. När det gäller religionsfrihet i praktisk tillämpning har UNESCO, som nämnts, aviserat avvikande meningar. I nästa kapitel beskrivs dessa avvikande ståndpunkter som flera stater ställt bakom i Kairodeklarationen.

## II

Följande konventionstexter berör vår diskussion om religionsfrihetens status nu och i vårt framtida Sverige och i världen.

**FN:s konvention om medborgerliga och politiska rättigheter eller Internationell konvention om medborgerliga och politiska rättigheter (International Covenant on Civil and Political Rights (ICCPR).**

Artikel 18:

"Var och en har rätt till tankefrihet, samvetsfrihet och religionsfrihet. Denna rätt innefattar frihet att bekänna sig till eller anta en religion eller en trosuppfattning efter eget val och frihet att ensam eller i gemenskap med andra, offentligt eller enskilt, utöva sin religion el-ler trosuppfattning genom gudstjänst, iakttagande av religiösa sedvänjor, andaktsutövning eller undervisning."

Artikel 27:

"I de stater där det finns etniska, religiösa eller språkliga minoriteter, skall de som tillhör sådana minoriteter inte förvägras rätten att i gemenskap med andra medlemmar av sin grupp ha sitt eget kulturliv, bekänna sig till och utöva sin egen religion och använda sitt eget språk."

**Internationella konventionen om ekonomiska, sociala och kulturella rättigheter (ESCR)**

Artikel 2.2:

"Konventionsstaterna åtar sig att garantera att rättigheterna i denna konvention utövas utan diskriminering av något slag på grund av ras, hudfärg, kön, språk, religion, politisk eller annan åskådning, nationell eller social härkomst, egendom, börd eller ställning i övrigt."

**FN:s Flyktingkonvention**

Artikel 3 - Förbud mot skiljaktig behandling

De fördragsslutande staterna skola tillämpa bestämmelserna i denna konvention på flyktingar utan åtskillnad med hänsyn till deras ras, religion eller ursprungsland.

Artikel 4 – Religion

De fördragsslutande staterna skola tillerkänna flyktingar, som befinna sig inom deras territorier, en behandling som ifråga om flyktingarnas frihet att utöva sin religion och frihet att bestämma över sina barns religiösa uppfostran är minst lika förmånlig som den behandling, vilken tillkommer de egna medborgarna.

## III
### Två artiklar som det alltför sällan refereras till

Artikel 2 - Allmänna skyldigheter

Varje flykting har gentemot det land, varest han befinner sig, skyldigheter främst innebärande, att han skall ställa sig till efterrättelse gällande lagar och föreskrifter ävensom anstalter, som vidtagas för upprätthållande av den allmänna ordningen.

Artikel 34 – Naturalisation

Fördragsslutande stat skall så mycket som möjligt underlätta flyktingarnas införlivande med samhället och deras naturalisation. Särskilt skall fördragsslutande stat bemöda sig om att påskynda naturalisationsförfarandet och att så mycket som möjligt nedbringa avgifterna och kostnaderna för detta.

## IV
### Utdrag ur Europeiska konventionen om skydd för

27

de mänskliga rättigheterna och de grundläggande friheterna

## Artikel 9 - Tankefrihet, samvetsfrihet och religionsfrihet

-1 Var och en har rätt till tankefrihet, samvetsfrihet och religionsfrihet; denna rätt innefattar frihet att byta religion eller tro och frihet att ensam eller i gemenskap med andra, offentligt eller enskilt, utöva sin religion eller tro genom gudstjänst, undervisning, sedvänjor och ritualer.

-2 Friheten att utöva sin religion eller tro får endast underkastas sådana inskränkningar som är föreskrivna i lag och som i ett demokratiskt samhälle är nödvändiga med hänsyn till den allmänna säkerheten eller till skydd för allmän ordning, hälsa eller moral eller till skydd för andra personers fri- och rättigheter.

# V
## Utdrag ur Europeiska unionens stadga om de grundläggande rättigheterna

### Artikel 10 - Tankefrihet, samvetsfrihet och religionsfrihet

Var och en har rätt till tankefrihet, samvetsfrihet och religionsfrihet. Denna rätt innefattar frihet att byta religion eller övertygelse och frihet att ensam eller i gemenskap med andra, offentligt eller enskilt, utöva sin religion eller övertygelse genom gudstjänst, undervisning, sedvänjor och ritualer. (Begränsningar måste respektera artikel 9.2 i Europakonventionen.)

28

# VI
## Lika "värde" – "värdighet"

Vid sidan av huvudtemat i denna skrift passar jag på att referera till signaturen "JL" som i Nerikes Allehanda[3] har kommenterat den svenska översättningen av texten i FN:s mänskliga rättigheter. Insändarskribenten "JL" ger en hint om språkbruk och ordens olika valörer. I religionsfrihetens rättigheter synes mig alla religionsutövares "värdighet" vara det skyddsvärda oavsett individens religiösa tillhörighet eller agnostiska eller ateistiska övertygelse.

Ingen religion eller trosuppfattning ska i den sekulära rättsstaten ges ett större värde än någon annan. Men människor ska garanteras samma värdighet oavsett sina personliga tankemodeller.

I den engelska texten (FN:s mänskliga rättigheter) står det "All human beings are born free and equal in dignity and rights", i den tyska versionen står det "Alle Menschen sind frei und gleich an Würde und Rechten geboren."

Signaturen "JL" konstaterar:

"Den engelska (dignity) och tyska versionen (Würde) talar om vad som på svenska blir värdighet och för tankarna till respekt för alla människors värdighet, medan den svenska versionen (lika i värde) för tankarna till jämlikhet. Översättningen från franska av motsvarande "brotherhood" och "Brüderlichkeit" med "gemenskap" är inte heller korrekt."

---

3    www.na.se/artikel/alla-manniskor-lika-varde-ar-en-feloversattning

29

# 6 Kairodeklarationen versus FN

## I

Skillnaderna mellan stater som försvarar de asiatiska värdena och stater som utifrån sina västerländska judisk-kristna traditioner anammar FN:s mänskliga rättigheter, skapar allt större praktiska problem och etniska spänningar i Europa. I Sverige har vi nu att hantera de möjligheter, utmaningar och problem som de stora flyktingströmmarna fört med sig.

FN:s konventioner skyddar starkt individens rättigheter och skyldigheter gentemot staten. FN erkänner inte heller någon överstatlig lag. Stater som ställer sig bakom FN:s mänskliga rättigheter förväntas implementera och tillämpa dessa. I vissa fall har stater stadfäst delar av eller hela konventionstexter i den egna lagstiftningen.

UNESCO fokuserar, som nämnts, mer på individens rättigheter och skyldigheter gentemot gemenskapen (gruppen /klanen, min anm). Mot den bakgrunden har ett antal asiatiska länder reserverat sig mot FN. Det kommer till särskilt uttryck i Kairodeklarationen från 1999. Där framgår att sharia är deras enda rättsliga grund. Saudiarabien, som ratificerat ett flertal FN-deklarationer, anser sig dock endast bundet av åtagandena i FN:s konventioner i den mån de inte strider mot landets religiösa lagstiftning sharia enligt Koranen.

## II

Inom sharia finns kroppsaga och -stympning i straffskalorna. Det har vi sedan länge lämnat bakom oss. Vi har ett statligt reglerat våldsmonopol.

Den traditionella islamska rätten med Koranen som grund och källa, kan enligt teokratiska regimer inte ändras av människorna eftersom den ses som given av gud.

Rättssystemet är således där statiskt och den teokratiska regimens beslutsprocesser vilar på tolkning och tillämpning sharia.

Där råder således åtskillnad mellan män och kvinnor i olika avseenden såsom i ekonomi, i vittnesgillhet, i straffsatser, i storlek på skadestånd och i regler kring skilsmässa, vårdnad om barn m.m.

I de länder som skrivit under Kairodeklarationen ses varje kritik mot Koranen som hädelse, vilket är förbjudet enligt sharialagarna. Brott mot hädelseförbud kan leda till dödsstraff i Saudiarabien och Pakistan. Avfällighet från islam kan där också innebära dödsstraff.

☐ Människor med olika religiösa tillhörigheter ska kunna leva sida vid sida och tillsammans i Sverige med vår garanterade religionsfrihets rättigheter och begränsningar.

Annika Braun, ordförande Demokrativärnet slår fast att den generella förutsättningen för att upprätthålla vår demokrati över tid är:

*Att värna den sekulära rättsstaten är enda sättet att värna medborgarnas rättssäkerhet och frihet från särlagstiftning och parallellsamhällen.[4]*

---

4   www gp.se/debatt/vi-måste-värna-den-sekulära-
    rättsstaten-1.15585012

31

# 7 Demokrati och rättsväsende står över religionsfriheten

## I

Sverige är ett av världens mest sekulariserade länder men vårt religionspolitiska landskapet inte statiskt.

De senaste decennierna har Sveriges förändrats och nu utmanas vår religionsfrihet av aktörer som vill tillämpa Koranens rättsskipning parallellt med gällande rättssystem. Det är nu nödvändigt att stärka religionsfrihetens rättigheter ytterligare och samtidigt lagstadga om preciserade begränsningar i religionsfriheten.

Religiöst förtryck strider mot våra normer och lagar. Våra rättsvårdande myndigheters plikt är att tillsammans med det civila samhället upprätthålla svenska lagars efterlevnad. Vi ska kväsa de politiska och religiösa rörelser som strategiskt missbrukar och övertolkar vår religionsfrihet för att omdana vår rättsordning i teokratisk riktning. Religiösa ledare och opinionsbildare som vill etablera politisk islam i Sverige ska bemötas i offentliga politiska samtal.

## II

Sedan 1948 har synen på mänskliga rättigheters praktiska tillämpning (och religionsfriheten) genomgått förändringar på olika sätt i olika länder. I Kairodeklarationen 1999 reserverade sig ett antal asiatiska stater mot vissa delar i FN:s konventioner.

I Koranen är blasfemi straffbart. I teokratiska, muslimska regimer går det därmed inte att i ett offentligt samtal ifrågasätta lagen eller föreslå rättsliga reformer. Under sådana regimer kan heller ingen religionspolitisk debatt föras. Ingen kan där ifrågasätta eller kritisera läran som sådan, inte heller de politiska och religiösa ledarnas tolkningar av de religiösa urkunderna.

Många av de människor som har flytt eller flyttat från de stater som undertecknat Kairodeklarationen, har gjort ett livsavgörande vägval för att komma bort från det religiöst-politiska förtrycket. Med vår – här i Sverige – svaga tillämpning av religionsfrihetens rättigheter och legala begränsningar, utsätts många nyanlända, inte sällan av sina egna landsmän, för liknande förtryck i Sverige som det som de ville lämna bakom sig.

## III

Att påstå sig agera i sin religions namn gör ingen skillnad: opinionsbildning för och krav på parallell rättstillämpning – eller annan rättsskipning – är per definition i den demokratiska rättsstaten att agera politiskt.

Ingen religiöst bokstavstrogen, rättsligt verkande urkundstillämpning ryms inom vår religionsfrihet.

Lagar må vara inspirerade av religiösa urkunder men ingen sådan textmassa kan i vårt land och av egen kraft upphöjas till lagtext. Riksdagen är Sveriges lagstiftande församling. Vi ska vara öppna för politisk opinionsbildning och bemöta eller anamma ståndpunkter efter ideologiska, politiska och sakliga överväganden.

Försåtlig religiös propaganda och påverkan för att förändra vår rättsordning med teokratiska förtecken är per definition aldrig något annat än politiskt aktivism för att omdana vårt rättssystem med konsekvenserna att vår demokrati skulle undermineras.

Imamer som agerar politiskt ska bemötas politiskt. Imamer som är en fara för Sveriges säkerhet ska som andra hotfulla och våldsbejakande aktörer lagföras.

## IV

Att studera bibelvetenskap benämns som biblisk exegetik. Studier och forskning i islam och islamologi vid Lunds universitet sägs ha lett fram religionsbeteendevetenskap, som också beskrivs som religionsfilosofi eller en exegetisk undersökning av islam och Koranen. Sådana exegetiska/teologiska/islamologiska spörsmål analyseras och kartläggs inom forskningen.

Religiösa/politiskt konfessionella kraftmätningar ska ske på 'religiösa arenor'.

Politiska, sociala, juridiska och andra sakpolitiska reformkrav – om än inspirerade av en religions urkunder och normer – ska i rättsstaten behandlas i politiska demokratiska processer och beslutas inom religionsfrihetens rättigheter och begränsningar.

☐ Ingen religiöst bokstavstrogen urkundstillämpning kan hos oss ha eller få rättsligt verkan utan riksdagsbeslut inom ramen för FN:s och EU:s konventioner om de mänskliga rättigheterna – med de eventuella begränsningar som anges i svensk lag.

# 8 Lagen om trossamfund

## I

När Svenska kyrkan partiellt skildes från staten den 1 januari 2000 tillkom Lagen om trossamfund (SFS 1998:1591).

I den fastställs hur andra svenska trossamfund än Svenska kyrkan kan registreras eller avregistreras, samt vilka rättigheter och skyldigheter registrerade trossamfund (inberäknat Svenska kyrkan) har.

I Lagen om trossamfund definieras trossamfund som "en gemenskap för religiös verksamhet, i vilken det ingår att anordna gudstjänst".

Ett sådant samfund kan ansöka om att bli registrerat. Registrering är inte nödvändig för samfundets möjligheter att utöva sin tro (religionsfriheten regleras inte i Lagen om trossamfund, som i stället hänvisar till Regeringsformen och Europakonventionen) men registreringen ger samfundet bl a status som juridisk person med möjlighet att företräda sina medlemmar.

Trossamfundet kan tidigare ha varit en ideell förening, men däremot kan aktiebolag, ekonomiska föreningar och stiftelser inte registreras som trossamfund.

För registrering fordras att trossamfundet har "stadgar där det finns bestämmelser om trossamfundets ändamål och om hur det fattas beslut i trossamfundets angelägenheter" och "en styrelse eller motsvarande organ", och att dess namn inte kan sammanblandas med andra registrerade trossamfund

35

Ett registrerat trossamfund kan avregistreras på egen begäran, och också under vissa omständigheter träda i likvidation efter beslut av registreringsmyndigheten, Kammarkollegiet.

## II

Lagen anger i övrigt inget om trossamfunds skyldigheter. I översynen av regelverket för Myndigheten för stöd till trossamfund finns däremot förslag om skärpta krav på bidragsberättigade trossamfund. Se kapitel 12.

☐ Lagen om trossamfund ska kompletteras. Alla registrerade trossamfund ska åläggas att utse sin ansvarige förkunnare. Se kapitel 9.

# 9 Ansvarig förkunnare

## I

Religiös förkunnelse – och trossamfundens aktiviteter och verksamheter – *ska upprätthållas* och *kan kringgärdas* av religionsfrihetens, yttrande- och åsiktsfriheternas rättigheter med dess lagfästa begränsningar.

På gator och torg ser vi muslimska "självutnämnda religiösa poliser" som kontrollerar den egna gruppens religiösa klädkoder och begränsar unga kvinnors umgänge. Sådana religiösa samhällsomvälvande ledargestalter bryter och utmanar – felaktigt i religionsfrihetens namn – våra lagar och vårt rättssystem.

Religiösa fundamentalister och våldsbejakande, kriminella ledare som i parallellsamhällen påtvingar omgivningen egna sociala regler och straffskalor måste motarbetas opinionsmässigt och politiskt och stävjas av rättsvårdande myndigheter. De politiska ledarna och civilsamhällets företrädare har att agera målmedvetet och proaktivt.

Alla har att följa rättigheter och uppfylla skyldigheter med gällande lagstiftning. Visar sig lagstiftningen vara otillräcklig ska berörda lagar skärpas.

## II

Vissa samfund är mer separerade och isolerade än andra. I en moské framförs mycket på åhörarnas/deltagarnas hemspråk. Det är exempel på i praktiken slutna miljöer gentemot omvärlden. Hierarkin främjar där den självrådige ledarens tolkningsföreträde, visioner och politiska utspel som att exempelvis propagera för sharialagar med eller utan våldsbejakande utomparlamentariska aktioner.

Det är först när någon uttalat/torgfört hot, tvång eller begått lagstridiga gärningar som rättsliga åtgärder kan komma i fråga. En väg framåt för rättssamhället, är en ny form av "ansvarig förkunnare" enligt modellen ansvarig utgivare som sedan länge gagnar oss inom massmedia och i den offentliga debatten.

Församlingen/föreningen/samfundet ska åläggas att utse en ansvarig person som "Trossamfundets ansvarige förkunnare" (vilken kan vara imamen, pastorn själv eller annan person). I den funktionen ska personen ha ett eget juridiskt preciserat ansvar inför lagen – vid sidan om det personliga verksamhetsansvaret som ledare/pastor/imam.

Trossamfundets "ansvarige förkunnare" kan ställas till svars för vad som sägs och torgförs i moskén och av trossamfundets eventuella officiella representanter. I preventivt syfte skulle det öka vaksamheten mot uppvigling och samhällsomstörtande aktivism. Det skulle markera hur trossamfunden har att tolka och tillämpa religiösa urkunder praktiskt i Sverige när de valt att etablera sig här.

☐    Lagen om trossamfund ska kompletteras. Alla registrerade trossamfund ska åläggas att utse sin ansvarige förkunnare.

# 10  Skrota Lagen om Svenska kyrkan

**I**

Alla religiösa samfund, oavsett religionstillhörighet, ska så långt som möjligt verka under samma juridiska förutsättningar. Alla registrerade trossamfund ska erkänna och följa svensk lag. Trossamfund som väljer att också agera politiskt har samma grundlagsskydd för det som alla andra organisationer och individer. Staten ska inte reglera ett enskilt trossamfund så som sker i vissa regimer och i Sverige när det gäller Svenska kyrkan.

Trossamfund som väljer att agera för att politiskt förändra samhället ska bemötas med politiska argument.

Staten har idag en osund koppling till Svenska kyrkan via kyrkovalen. Tre riksdagspartier, Socialdemokraterna, Centern och Sverigedemokraterna, har aviserat att de ska satsa särskilda resurser i kyrkovalet 2021.

**II**

Lagen om Svenska kyrkan fastslår att den ska vara evangelisk-luthersk, demokratiskt uppbyggd och att den ska bedriva en rikstäckande verksamhet. Lagen reglerar också att Kyrkomötet ska vara kyrkans högsta beslutande organ. Kyrkomötet, med indirekt och direkt partipolitiskt utsedda ombud, har själva beslutat att endast särskilt utsedda nomineringskommittéer ska utse kandidater inför kyrkovalen på alla nivåer. Denna partipolitiska inblandning i en kyrkas inriktning och verksamhet strider mot den demokratiska rättsstatens profana ideal.

## III

Att Lagen om Svenska kyrkan skrotas är en angelägenhet för Sverige och Sveriges alla medborgare – oavsett om dessa är församlingsaktiva, står utanför Svenska kyrkan, har medlemskap i något trossamfund eller inget alls.

Svenska kyrkan ska verka på samma villkor som andra registrerade trossamfund inom ramen för religionsfrihetens rättigheter och begränsningar. Svenska kyrkan ska som andra trossamfund verka utifrån sina egna resurser och med dess ekonomiska förutsättningar.

☐ Lagen om Svenska kyrkan ska skrotas.

## IV

Trossamfund i Sverige ska verka fritt och oberoende av offentliga bidrag. Varje trossamfund ska på lika villkor själva inkassera sina medlemsavgifter och själva skapa sin ekonomiska förutsättningar. Trossamfund ska inte hindras från att sälja varor och tjänster och att agera som leverantörer till kommuner, företag och andra aktörer i civilsamhället.

☐ Trossamfunds affärsverksamheter ska vara momsbefriad.

☐ Den statliga servicen att inkassera Svenska kyrkans och ett antal andra trossamfunds medlemsavgifter ska avvecklas.

## V

Den kyrkoantikvariska ersättningen från staten för kulturhistoriskt motiverade kostnader som infördes 2002 ska bestå. Den avser vård och underhåll av de kyrkliga kulturminnena: kyrkobyggnader, kyrkotomter, kyrkliga inventarier och begravningsplatser.

Vart femte år genomförs en så kallad kontrollstation för den kyrkoantikvariska ersättningen. (År 2019 är en kontrollstation). Då analyserar regeringen frågor om de kyrkliga kulturvärdena och presenterar uppnådda resultat. Sedan 2010 har ersättningen legat på samma nominella belopp, 460 miljoner kronor per år. Det årliga bidraget bör fördubblas och därefter indexregleras.

Kyrkor som är invigda för Svenska kyrkans gudstjänst och har tillkommit före 1940, samt ett urval av de som tillkommit senare, får inte väsentligt ändras utan tillstånd av länsstyrelsen. För att omfattas av det regelverket krävs också att de ägdes eller förvaltades av Svenska kyrkan den 1 januari 2000.

☐   Den kyrkoantikvariska ersättningen från staten som infördes 2002 ska fördubblas (till 920 miljoner kronor) och indexregleras från denna nivå.

☐   I samband med att Lagen om Trossamfund ändras och ålägger registrerade trossamfund att utse sina ansvariga förkunnare, ska det också gälla för trossamfundet Svenska kyrkan. Se kapitel 9.

# 11 Ingen vigselrätt för trossamfund

**I**

Tre partier, Socialdemokraterna, Centern och Sverige-demokraterna har aviserat att de kommer att ställa upp i Kyrkovalet 2021.

Stefan Löfven blygs varken att hålla fast vid en fortsatt politisk kontroll över Svenska kyrkan och inte heller att ge kyrkan direktiv. Den 22 juni 2017 intervjuades han i Kyrkans tidning:[5]

> **"Jag kan förstå att man av trosskäl**
> **kan ha svårt att få ihop det,**
> **men kyrkan som öppen demokratisk kyrka är en**
> **organisation som står för människors lika värde.**
>
> **- - -**
>
> **Vi socialdemokrater arbetar för att alla präster ska**
> **viga alla"**

Ett urval av de tre partiernas kyrkopolitiska uttalanden finns i nästa kapitel. Många politiker saknar insikt om vikten av att hålla en strikt rågång mellan politik och religion och därmed slå vakt om en rättssäker religions-frihet för alla – med eller utan religionstillhörighet – över tid.

---

5 www kyrkanstidning.se/nyhet/alla-praster-ska-viga-samkonade-par

## II

☐ Vigselrätten för Svenska kyrkan och övriga trossamfund ska återkallas.

☐ Civilrättslig förrättning för att ingå äktenskap ska vara obligatorisk.

☐ Alla som vill kan därutöver fira eller stadfästa vigseln med en religiös eller profan ceremoni.

## III

Att samfundet Evangeliska frikyrkan (EFK) efter en flera år lång intern debatt tog beslut 2010 att avsäga sig vigselrätten vittnar om större insikt om den demokratiska rättsstatens rågång mellan politik och religion än vad många politiker visat prov på.

## IV

Som pedagogisk beskrivning på vad som borde gälla i Sverige brukar jag nämna Edith Piafs tre vigselceremonier 1962 när hon gifte sig med den grekiske frisören Theophanis Lamboukas.

Frankrikes sekularism – laïcité – präglar landet sedan mer än hundra år. Regler och traditioner för vigselakten och äktenskapets juridik är där väl befästa. Eftersom hon var katolik och han tillhörde den grekisk-ortodoxa kyrkan genomförde paret "tre vigslar": den civilrättsliga i rådhuset, den andra i en katolsk katedral och den tredje i en grekisk-ortodox kyrka.

Det är det mest respektabla för troende och icke troende att staten sköter det juridiska och om paret också önskar arrangerar de själva en religiös eller en profan ceremoni.

# 12 Kyrkovalen vår religionspolitiska skamfläck

## I

Politiker och makthavare har i alla tider politiserat kulturen och religionen för sina syften. Lagen om Svenska kyrkan antogs år 2000 inför den partiella skilsmässan mellan staten och Svenska kyrkan. Den lagen säkrar de politiska makthavarnas politiska och statliga överrock.

Inom Svenska kyrkan finns ett stort antal nomineringsgrupper i församlingar, stift och kyrkomöte med egna kandidater i kyrkovalen. Inför kyrkovalet 2017 fanns 682 nomineringsgrupper registrerade till Svenska kyrkans olika beslutsnivåer.

## II

För att särskilja kyrkans förtroendevalda från partipolitikerna i riksdag, landsting, region och kommun har man skapat termen "nomineringsgrupp". Definitionsmässigt handlar det om kyrkopolitiska grupper ("partier") som med egna program lockar väljarna att rösta på dem till Svenska kyrkans beslutsnivåer.

Svenska kyrkans numerär, cirka 5,2 miljoner personer, lockar partipolitikerna med sin åtråvärda arena för ideologisk opinionsbildning och en icke oviktig potential för stark närvaro i folkrörelserna och i valmanskåren – med de maktpositioner som därmed följer.

Utan särskilda förbehåll för kyrkans vilja att leva och verka i människors liv på egna meriter, proklamerar partierna istället hur Svenska kyrkan ska arbeta enligt deras nomineringsgruppers ("partipolitiska") program.

Tre partier ställde upp i kyrkovalet 2017 under det egna partinamnet. Övriga riksdagspartier låter sina partimedlemmar lanseras av olika nomineringsgrupper med mer eller mindre stark koppling till resp moderparti. Som individ och medlem i Svenska kyrkan kan kyrkans den som vill söka att bli nominerad av den nomineringsgrupp vars program de själva sympatiserar med.

## III
Inför kyrkovalet 2017 meddelade Stefan Löfven att Socialdemokraterna kommer att fortsätta att ställa upp i kyrkovalen även framgent. Han sade:

**"vi vill ha en modern folkkyrka
som utstrålar framtidstro,
kyrkan är en viktig kulturbärare,
inte minst genom kyrkobyggnaderna
– vi socialdemokrater anser att
den öppna folk-kyrkan ska vila på samma värden
som den svenska mo-dellen –
solidaritet, öppenhet mot omvärlden."[6]**

Centerns ordförande Annie Lööf meddelade:

**"att partiet varit drivande i att
kvinnor har fått rätt att prästvigas,
att samkönade par har rätt att vigas i kyrkan
och att 16-år-ingar får rösta i kyrkovalet,
det är tre stora och viktiga frågor där vi**

---

6    www svd.se/lofven-vill-ha-svensk-modell-i-kyrkan

**som nomineringsgrupp har haft ett stort inflytande."[7]**

Sverigedemokraterna satsade inför kyrkovalet 2017 stort och med fler kandidater än tidigare i kyrkovalet. Partiets programförklaring syftar till, med SD:s egen beskrivning,

**"att bryta det vänsterliberala maktmonopolet som inte kan göra klara val mellan Jesus och Mohammed och som inte värnar tro och tradition och svensk folksjäl."[8]**

## IV

De politiker som låtit sig inväljas på sitt partis mandat visar särskild oförståelse för principen att upprätthålla boskillnad mellan politik och religion. Deras respektive partipolitiska program aviserar inte heller några tydliga religionspolitiska mål.

Sedan kyrkovalet 2017 sitter i Kyrkomötet 76 socialdemokrater med gruppledaren Jesper Eneroth, 34 centerpartister med gruppledare Niklas Larsson och 24 sverigedemokrater med gruppledare Aron Emilsson. Dessa ledamöter kan antas ha särskild religionspolitisk kompetens och vara väl insatta i deras resp partis stånd-

---

7   www  kyrkanstidning.se/nyhet/annie-loof-centern-lamnar-inte-kyrkovalet

8   www  bt.se/tt-inrikes/lofven-vill-ha-svensk-modell-i-kyrkan/

punkter om den sekulära demokratiska rättsstatens fundament. De hörs alltför sällan i debatten.

I ett av världens mest sekulariserade länder är tre riksdagspartier således tätt kopplade till trossamfundet Svenska Kyrkan som med särlagstiftning binds till kravet att "vara evangelisk-luthersk, demokratiskt uppbyggd och att den ska bedriva en rikstäckande verksamhet."

Alla riksdagspartier bör inför Riksdagsvalet 2022 redogöra för hur de förhåller sig till banden mellan staten och Svenska kyrkan.

Vilket parti går till val på att avskaffa Lagen om Svenska kyrkan?

# 13 Lägg ner Myndigheten för stöd till trossamfund (SST)

## I

För att upprätthålla en åtskillnad mellan politik och religion måste Lagen om Svenska kyrkan avvecklas och Myndigheten för stöd till trossamfund läggas ned.

Enligt de senaste uppgifterna på SST:s (Myndighetens för stöd till trossamfund) hemsida delade SST ut totalt 53.515.467 kr i organisationsbidrag till religiösa samarbetsorganisationer år 2017.

Utöver det fick samma år ett antal religiösa organisationer också verksamhetsbidrag på totalt 10.235.675 kr och projektbidrag på totalt 21.067.333 kr.

Största organisationsbidrag fick Sveriges muslimska förbund med 2 354 692 kr med sina 49 församlingar. Lägsta organisationsbidrag fick Danska kyrkan och Isländska kyrkan med vardera 70.000, de har en församling var.

## II

Det är med lagstiftning som vi över tid ska upprätthålla religionsfriheten. Tolerans och respekt för olika religiösa uttryck ställs idag inför andra prövningar än för bara 50 år sedan. Då och längre tillbaka var Sveriges religiösa landskap mer homogent.

På 1970-talet började staten fördela bidrag till trossamfunden. Riksdagen ansåg då att frikyrkorna hade ekonomiskt sämre villkor än Svenska Kyrkan. Idag fördelas bidragen till fler trossamfund och till fler trosinriktningar.

## III

Besluten om godkännande eller avslag till bidragssökande samfund är inte klanderfria.

Under tio år har Jehovas Vittnen vägrats bidrag. Argumentet har varit att samfundet inte accepterade blodtransfusioner. Samfundet ansågs inte bidra till att "upprätthålla och stärka de grundläggande värderingar som samhället vilar på", vilket är ett villkor för att få bidrag. Men efter prövning i Högsta förvaltningsdomstolen år 2017 fick Jehovas Vittnen berättigade statsbidrag.

## IV

I mars 2018 kom slutbetänkandet från utredningen "Statens stöd till trossamfund i ett mångreligiöst Sverige". I det behandlades krav på demokrativillkor för bidragsberättigade trossamfund. Men regeringen har inte agerat vidare i ärendet. I stället tillsatte regeringen en ny utredning, "Demokrativillkor för bidrag till civilsamhället". Slutbetänkandet kom i juni 2019.

Den senare utredningen vill öppna för att i undantagsfall ge bidrag även till organisationer som har agerat på ett sätt som strider mot ansökningsförfarandets demokrativillkor. Som exempel nämns att bidragsmottagande organisation som inte utser homosexuella eller kvinnor som sina företrädare i undantagsfall ändå ska beviljas bidrag. (I religionsfrihetens namn?. Min anm).

Formuleringen i slutbetänkandet rimmar illa med utredningens ambition att offentliga bidrag endast ska gå till

49

verksamheter som är förenliga med samhällets grundläggande värderingar.

Offentliga bidrag till religiösa samfund gagnar inte den den demokratiska rättsstaten. Tvärt om öppnar myndighetens verksamhet för juridiska hårklyverier. Trossamfund har som andra aktörer egna ekonomiska särintressen. Att bedöma huruvida ett trossamfunds verksamhet är förenlig med samhällets grundläggande värderingar har visat sig vara en grannlaga uppgift. Dessutom kommer myndighetens uppdrag att undergrävs av brasklappen i slutbetänkandet från utredningen "Demokrativillkor för bidrag till civilsamhället" (se ovan).

## V

Forskaren i interreligiösa relationer vid Lunds universitet, Sameh Egyptson, påminner (i Dagen 4 jan 2019) om att Sveriges muslimska förbund, SMF, och Förenade islamiska föreningar i Sverige, FIFS skrev ett öppet brev inför valet 1994 till de politiska partierna att man tillsammans hade 75 000 medlemmar (visade sig vara drygt 4 000 medlemmar). Efter valet skrev de brev till Ingvar Carlsson och menade att man bidragit till valsegern genom att imamer runt om i landet hade uppmanat muslimer att rösta på Socialdemokraterna. Efter valet 2002 skrev de brev till Göran Persson om muslimska krav. Inför valet 2006 skrev de till de politiska partierna att de ville ha särlagstiftning för muslimer.

## VI

Det står självklart trossamfund fritt att skriva till statsministrar och politiska partier. Men att förvänta sig favörer efter att ha uppmanat sina medlemmar att rösta på ett visst parti luktar korruptionsförväntningar. Att ställa krav på politiska beslut om förändrat rättssystem är att ta ett politiskt initiativ vilket kan tas som intäkt för att både SMF och FIFS företräder politisk islam. De borde inte finnas med i skaran av bidragsberättigade trossamfund.

Myndighetens för stöd till trossamfund är kontraproduktivt. Förutsättningarna för religionsfrihet med så likartade rättigheter och begränsningar som möjligt för alla trossamfund upprätthålls inte.

## VII

I religiösa dispyter och i teologins exegetik avvägs hur religionernas urkunder ska tolkas och tillämpas. Sådana frågor ska inte hanteras i den sekulära rättsstatens myndigheter. De frågorna äger trossamfunden själva att hantera inom ramen för religionsfrihetens lika rättigheter och begränsningar för alla.

☐ Myndigheten för stöd till trossamfund (SST) ska läggas ned.

Sverige behöver en tydlig religionspolitik. De politiska partierna är väljarna skyldiga väljarna att informera om hur de förhåller sig till olika religiösa särkrav i lagstiftningen.

Vilket parti går till val på att lägga ned Myndigheten för stöd till trossamfund?

# 14   Förstatliga Folkbildningsrådet

## I

På Folkbildningsrådets hemsida står följande:
"Varje år ger staten över fyra miljarder kronor i bidrag till folkbildningen för att stärka demokratin och samhällsengagemanget i Sverige. En av Folkbildningsrådets viktigaste uppgifter är att fördela de pengarna till folkhögskolor och studieförbund och säkerställa att de används på rätt sätt.

Folkbildningsrådet är en ideell förening med tre medlemsorganisationer. Studieförbunden i samverkan är intresseorganisation för de 10 studieförbunden."

## II

Folkbildningsrådets verksamhet ligger utanför denna debattskrifts fokus på religionsfrihetens villkor och verkningar i Sverige. Men Folkbildningsrådet har under lång tid kritiserats av opinionsbildare och fors-kare för att inte leva upp de krav på demokratinormer som ska gälla för alla bidragsberättigade studieförbund.

Magnus Ranstorp, docent i statsvetenskap på Försvarshögskolan, och Aje Carlbom, docent i socialantropologi vid Malmö universitet, skriver på Expressen-Debatt d 20 okt 2019 under rubriken

Bidrag missbrukas-bygger islamiskt parallellsamhälle:

**"Givet att studieförbundet Ibn Rushd
har varit verksamt som studieförbund sedan 2008
är det rimligt att utgå från att förbundet i flera år
varit medvetet om att antisemitism är oacceptabelt i
det svenska majoritetssamhället."**

**"Ett första steg för
att komma till rätta med detta
är att göra FR [Folkbildningsrådet]
till en myndighet
för att på så sätt öppna upp möjligheten för andra
att granska rådets aktiviteter."**[9]

## III

Utan att ha granskat Folkbildningsförbundet ur en religionspolitisk synvinkel finner jag det angeläget att anamma Magnus Ranstorps och Aje Carlboms propå om att den organisation ska förstatligas.

☐ Regeringen bör utan vidare utredningar förstatliga Folkbildningsrådet för alla olika intressenters och politikers fulla insyn i verksamheten.

---

9  www expressen.se/debatt/bidrag-missbrukas-bygger-islamiskt-parallellsamhalle/

# 15  "Muslimska (intresse-) partier"

## I

Inför valet 2018 ansökte det muslimska partiet Jasin om registrering hos valmyndigheten. Partiets namn refererar till 36:e suran i Koranen: Hjärtat av Koranen. Enligt partiets talesperson Mehdi Hosseini orsakade interna stridigheter, att de inte kunde skicka in de kompletterande uppgifter som krävdes, varför partiet inte kunde delta i valrörelsen. [10]

Inför valet 2022 satsar ett annat nytt parti, Nyans, på att ta sig in i kommunfullmäktige i Stockholm, Göteborg och Malmö samt i Riksdagen. Partibildare är Mikail Yüksel. Han har uteslutits från Centern efter ett flertal kontakter med den turkiska extremistorganisationen De grå vargarna.

På Aftonbladets debattsida (22/8 -19) skriver han att integrationen gynnas bäst genom att "frångå värderingsfrågor" och krav på assimilation.[11]

## II

Erik van der Heeg har publicerat en artikel där han analyserar och pekar på motsvarande partibildning i Neder-

---

10  https://www.varldenidag.se/nyheter/muslimskt-parti-fick-avslag-radikalister-forsokte-ta-over/repqir!5jJ0gYc6O0NLm4Fv6C11Lw/

11  https://www.aftonbladet.se/debatt/a/50OLyK/nu-startar-vi-partiet-for-landets-fororterheberlein

länderna med splittring och försvagning när deras inriktning efter hand blev tydlig.[12]

van der Heeg skriver: "I takt med att Denk ställs inför konkreta frågor, som Israels existens, närvaro av kvinnor i vissa sammanhang, inställningen till homosexuella och till den turkiska regimen, har västjournalister på de stora tidningarna och i etermedierna allt mer kommit att inse att partiets avoghet mot det holländska samhället inbegriper dem själva också. Detta blev särskilt tydligt när Denk vägrade att medverka i en kampanj mot antisemitism anordnad av Amsterdams stad."

Han fortsätter:

"Samma splittring ligger i korten även för Partiet Nyans. Vilken kurd skulle rösta på ett parti med kopplingar till Erdogan och De grå vargarna? Vad har shiitiska afghaner att hämta bland sunniförespråkande turkar och araber som i hög grad ser dem som kättare och andra klassens människor? - - Och om nu Nyans fick en företrädare ur den somaliska diasporan i Sverige - - vem, förutom en annan somalier, skulle rösta på honom? Jag har känslan att Muhammed från Aleppo hellre lägger en röst på Jimmie Åkesson än på Abdi från Mogadishu."

## III
Den 23 sept 2019 lade jag ut Mikail Yüksels partinformation på min FaceBook-sida, i en kommentar gav

---

12 _ https:// annheberlein.com/2019/08/22/gastinlagg-partiet-nyans-sveriges-forsta-muslimska-parti-siktar-pa-riksdagen/

Alan Dogan[13] följande adekvata information:

"Han [Mikail Yüksel] har nog inte förstått att muslimer inte är en folkgrupp.

I de områden där islam är dominerande finns många olika etniciteter som tyvärr hamnar under islams flagg per automatik och med tvång därmed kallas de för muslimer alldeles oavsett vilken åskådning de har eller inte har.

Termen muslimer används ofta för att beskriva framför allt människor från dessa områden vilket islamkri-tiker i väst också gör i allt för stor utsträckning utan att ta hänsyn till etniciteter. Det i sin tur bidrar till vad Nyans eftersträvar – således bygga en folkgrupp av en idé."

**IV**

De två partibildningarna Jasin och Nyans kan inte sägas vara konfessionella utifrån hur de hittills presenterat sig för allmänheten. Att beskriva dem som en form av "muslimska intressepartier" leder inte tanken helt fel all den stund de själva så snävt pekar ut etniska målgrupper för sitt politiska arbete.

Huruvida det leder till deras framtida krav på särlagstiftning och/eller sharialagar återstår att se.

**V**

I många länder, som kan betecknas som muslimska, finns inte sekulär rättssäker demokrati så som vi definierar den. Det betyder att det bland invandrare från muslimska länder finns ett antal individer som inte ac-

---

13   www.facebook.com/profile.php?id=1486377673

cepterar att leva efter vår lagar och i enlighet med vår rättsordning.

Därmed utmanas vår ambition att upprätthålla rådande religionsfrihet inom ramen för FN:s mänskliga rättigheter. Det kräver att härvarande medborgare och nyanlända visar sin vilja att försvara vår religiöst neutrala och allmängiltiga religionsfrihet med dess rättigheter och begränsningar.

Här har de politiska partierna utifrån sina principprogram att ta ett särskilt ansvar.

## VI

Ruud Koopmans, professor i socioogi och migrationsforskning vid Humboldt-Universität i Berlin har sedan 20 år forskat om muslimers integration i olika länder i Europa. Han har gett ut boken "Het vervallen huis van de islam. Over de crisis van de islamitische wereld" (Ungefär: Islams förfallna hus. Om krisen i den islamiska världen, min anm)

För sex år sedan stod Koopmans bakom en undersökning som visade att "två tredjedelar av de undersökta muslimerna anser att religiösa regler är viktigare än lagstiftning i landet där de bor. Drygt 60% av de tillfrågade avvisade att vara vän med en homosexuell person, och 45 procent avvisade vänskap med judar."[14]

Koopmans understryker att han talar om statistiska genomsnitt, inte om enskilda människor.

Professor Ruud Koopmans:

---

14   https://dispatchint.com/1155/de-flesta-europeiska-muslimer-vill-ha-sharia

57

"Budskapet i min bok är
inte att det alltid finns något fel med islam själv,
utan att det finns ett problem
med hur många muslimer
– och på global nivå många mus-limska länder –
tolkar islam.

Nämligen på ett sätt som grundläggande
argumenterar för att Koranen och sunna bör tas
bokstavligen och att profeten
som levde på 800-talet
ska vara måttstock för hur muslimer ska leva på
2000-talet."

# 16  Trosfrid, blasfemi

## I

Blasfemi hör inte hemma i en demokratisk, sekulär rättsordning. En välgrundad existentiell orientering eller en genuin religiös tillhörighet måste kunna stå på tillräckligt robusta grunder för att tåla omgivningens frågor, insinuanta problematiseringar och skämtsamma kommentarer. Detta ska inte förväxlas med diskriminerande invektiv, hot och förtal som regleras i och kan beivras enligt annan lagstiftning.

Där islam råder uppfattas förolämpning av Allah eller Muhammed som tecken på avfall från religionen, som klassas som kätteri. Detta oavsett individens personliga förhållningssätt till sin religionstillhörighet eller ingen alls.

Enligt många muslimska religiösa ledare förbjuder Koranen uttryckligen kätteri och det är straffbart med döden. Det fastställs också lagligen i många muslimska länder.

Också i vår del av världen var hädelse (blasfemi) länge ett svårt brott. Det ansågs kunna väcka gudarnas vrede. Enligt Mose´s lag gällde dödsstraff. Det står i 3. Mos 24.16:

"Och den som smädar HERRENS namn skall straffas med döden; hela menigheten skall stena honom."

## II

I tider då religionen hade ett fast grepp om folket till gagn för kungar och politiska ledare var hädelse, som brott, ett effektivt verktyg för att upprätthålla respekt och rädsla för överheten. Samtidigt kunde religionen också vara ett gott kitt i det civila samhället. Det bidrog också starkt till både disciplin och tillit individerna e-mellan.

Frikyrkornas frammarsch på 1800-talet var inte bara en reaktion mot statskyrkans stela och auktoritära hållning utan en längtan efter en mer innerlig tro – även med individens bekännelse – som legitimerade viljan och rät -ten att själv få predika utanför kyrkans lokaler.

Med människors nyfikenhet och skolväsendet, som nådde allt fler, kom efter hand krav på demokratisering av hela samhället. Begrepp som hädelse och kätteri kom i en annan dager.

Respekten för sin nästa, för naturen, (skapelsen i religiösa sammanhang), religionen som sådan och det som religiösa ledare definierade som heligt sattes under nya prövningar.

Tid och utveckling har dock visat att det som av många betraktades som heligt inte nödvändigtvis behövde undergrävas och ringaktas av att människorna tänkte allt mer självständigt och fritt. Den självständiga frikyrkorörelsen – som en stark aktör utanför statskyrko-systemet – blev ett tydligt exempel på det.

### III

Hädelse mot kristendomen var straffbart i Sverige till år 1949. Då togs hädelselagen bort och lagen formulerades om och kallades lag om trosfrid. Den lagen upphörde 1970. Motivet var att ett särskilt skydd av religionsfriheten inte motiverade inskränkningarna i yttrande-och tryckfriheten.

60

År 1999 motionerade kristdemokraten Tuve Skånberg i Riksdagen för "Lag mot religionskränkning" (Motion 1999/2000:K286). Motionen bifölls inte.

År 2009 införde Irland lag mot hädelse 2009. Men då reagerade den katolska kyrkan på Irland och kallade själva lagen för "obsolet" och dessutom framhöll kyrkan där att liknande lagar använts på andra håll i världen för att "rättfärdiga våld och förtryck mot minoriteter".

År 2018 uteslöts Mikail Yüksel från Centerpartiet efter att ha talat för särlagstiftning för muslimer. Han återkommer nu som initiativtagare till det muslimska partiet Nyans som avser att ställa upp i riksdagsvalet 2022. Om han kommer in i riksdagen får vi veta hur han kommer att agera i frågan om svensk blasfemilagstiftning (för att tillfredställa religiöst muslimska normer?).

**IV**
Förekommande krav på förbud mot blasfemi i Sverige får inte underskattas.

I oktober 2019 gav regeringen Brå i uppdrag att göra en fördjupad studie av islamofobiska hatbrott. Studien ska belysa den islamofobiska hatbrottslighetens karaktär för att uppnå mer kunskap så att det förebyggande arbetet mot rasism, särskilt islamofobi, kan stärkas. Här krävs uppmärksamhet mot nya framstötar för hädelsebegreppet i svensk lagstiftning.

Den 16 sept 2019 publicerade Johan Westerholm artikeln "Min universella rätt att kritisera din religion står över din gud". Han skriver:

"Det är idag självklart i en sekulär stat att kritisera
kapitalism respektive kommunism eller marxism.
Men Sverige rör sig - - - mot en punkt
där religion inte kan kritiseras. Där endast den
individuella tolkningen är möjlig att kritisera."

"Sverige rör sig i en riktning
där en framtida blasfemilagstiftning
i någon form inte längre kan uteslutas.
En lagstiftning som går emot de universella
rättigheterna att kunna kritisera en idé.
Religion är på samma sätt som en politisk
övertygelse i grunden en idé om samhällsordning
med mer eller mindre fanatiska anhängare."[15]

---

15  www ledarsidorna.se/2019/09/min-universella-ratt-att-
kritisera-din-religion-star-over-din-gud/

# 17   Förbud mot slöja/heltäckande plagg

## I

Dagligen ser vi i vår omgivning olika klädkoder som signalerar identitet eller funktion. Även de som väljer bort klädkoder signalerar något om sin identitet eller funktion.

Genom historien finns exempel på påtvingade och förbjudna klädedräkter och emblem. Religiösa klädkoder kan användas fritt hos oss. Mot politiska märken och symboler har vi vissa specifika förbud.

Bland religiöst orienterade individer anammas ofta klädkoder och användning av emblem, accessoarer och symboliska utsmyckningar för att markera den religiösa hemvisten. Olika huvudbonader syftar i den kontexten till att visa vördnad inför sin gud och/eller att avisera position och status i en hierarki. Exempelvis slöjor, kippor, mitror och hättor har olika betydelser.[16]

## II

I skuggan av världskrig och storpolitik gavs den cylinderformade röda filthatten utan brätten − fezen − en tydlig politisk roll med sitt religiösa signalvärde. Den osmanska sultanen Mahmud hade beslutat att göra fezen obligatorisk för civila och militära ämbetsmän år 1826. I oktober 1923 utropades republiken Turkiet med Kemal Atatürk som president. Han drev en hård nationalism och sekularism. 1925 förbjöd han fezen som den

---

16 www.dagen.se/livsstil/religiosa-huvudbonader-slojor-
kippor-mitror-och-hattor-1.196254

tidigare religiösa och politiska maktens symboliska markör. År 1928 förbjöds den i även i Iran och 1953 i Egypten.

Dagens diskussion i Sverige om religiöst signalerande klädkoder förs i mindre skala och i ett annat tonläge. Men även här och nu följer med slöjan och liknande symbolfyllda plagg underliggande politiska strömningar. Slöjan är redan i viss mån ett starkt, subtilt verktyg för att urholka vår religionsfrihets rättigheter och begränsningar. Vi kan inte blunda för att den spelar särskilt politiska islamistiska krafter i händerna.

## III

Profana uniforma klädval (och uniformer) har lång tradition inom det militära. Idag har även de flesta publika företag uniforma arbetskläder, inte minst av marknadsföringsskäl men också som skydds- och arbetskläder för de anställda. Många anställda och företagare anser att det är bekvämt och sparsamt att inte behöva slita på den egna garderoben.

Men på en del arbetsplatser får man inte klä sig hur som helst. En dom i EU-domstolen ger arbetsgivaren rätt att neka en anställd att bära slöja på arbetsplatsen. EU-domstolen i Luxemburg skriver i ett pressmeddelande att "en intern ordningsregel hos ett företag som förbjuder bärandet av synliga politiska, filosofiska eller religiösa symboler utgör inte direkt diskriminering".[17]

## IV

Profil- och uniforma kläder har alltid konsekvenser för

---

17 www.aftonbladet.se/nyheter/a/OKq0b/eu-domstol-okej-att-forbjuda-sloja-pa-arbetsplats

användaren, organisation och omgivningen. Marianne Larsson, intendent vid Nordiska Museet, har forskat om makt, mode och identitet. Hon fick frågan om lika/uniforma arbetskläder på en förskola och konstaterade att det händer något när man tar på sig arbetskläder:

– Om alla är likadant klädda avsäger man sig till viss del sin identitet till förmån för kollektivet. Man representerar sin förskola och sin kommun. Hur man för sig kommer att vägas mot ens roll och man lämnar inte arbetet förrän man lämnat kläderna.

– Folk kommer att ha synpunkter på vad man gör på ett annat sätt. Hur vore det till exempel om tre förskollärare tog ett glas vin efter jobbet i sina arbetskläder? Hur skulle det uppfattas?

EU-domen och observationerna ovan kan hjälpa oss att ta ställning hur vi ska förhålla oss till slöjan.[18]

V

Enligt den s.k. uniformslagen (1947:164) rådde förbud mot politiska uniformer i Sverige. År 1996 slog HD fast att lagen "uppenbart strider mot regeringsformens regler till skydd för yttrandefriheten" och man slutade att använda sig av lagen, som upphävdes 1 juli 2002.

Uniformslagen stadgade: "Bärande av uniform eller liknande klädedräkt, som tjänar att utmärka bärarens politiska meningsriktning, vare förbjudet. Förbud som nu sagts avser jämväl uniformsdel, armbindel eller annat därmed jämförligt i ögonen fallande kännetecken."

---

18 https://forskolan.se/om-uniformen-blir-normen

# VI

Sedan uniformslagen upphävdes utsätts vårt offentliga rum åter för allt fler starka politiska och religiösa markörer i form av olika kläder.

I en trygg, rättssäker demokrati möter medborgarna varandra öppet och med personlig integritet. Den öppenheten undermineras av de som vill eller tvingas använda hel- och ansiktstäckande kläder.

Vi behöver nu överväga någon form av slöjförbud. Vi behöver förhindra det maktmissbruk som informellt slöjtvång innebär. Verkningarna av det ser vi långt utanför de parallellsamhällen där religiösa och politiska självpåtagna ledare redan tagit över.

Sammantaget som vi möter islams religiösa uttryck i det offentliga rummet ser vi också hur islams politiska budskap sprids där.

# VII

I Danmark är det förbjudet att på offentliga platser bära ansiktstäckande plagg som niqab och burka. Förbudet inkluderar MC-hjälmar, balaklavas och masker och lösskägg. Undantag kan göras om det finns ett s.k. "rimligt syfte" att täcka ansiktet som vid kallt väder – eller på väg till maskerad. Polisen får avgöra om och när brott har begåtts.

Det danska modellen med ett avgränsat förbud mot helt ansiktstäckande plagg på offentlig plats syftar till att öka säkerheten i samhället. Förbudet signalerar inte antireligiösa övertoner och är i så måtto inte integritetskränkande. Maskeringsförbund enligt dansk modell bör införas i Sverige.

66

I dansk lagstiftning berörs inte hijab, abaya och slöjor som döljer håret men inte ansiktet. Vuxna kvinnor ska ha rätt att välja hur de vill täcka, pryda eller täcka sitt hår. Det ska också framgent gälla i Sverige.

☐ Ett maskeringsförbud enligt dansk modell ska införas i Sverige. Det ryms inom ramarna för vår religionsfrihet utan att i oförsvarlig grad inkräkta på den personliga integriteten.

Följande europeiska länder har infört nationellt förbud mot niqab och burka på offentliga platser: Frankrike, Belgien, Österrike, Tyskland, Bulgarien, Nederländerna och Italien.

IIX

Nästa år blir Barnkonventionen svensk lag. Förr eller senare kommer någon att pröva ´barns grundlagsfästa religionsfrihet´ i rättsliga instanser.

Enligt en granskning som Göteborgs-Posten genomförde 2014 framgick att omkring 100 000 barn bedömdes riskera att leva under hedersförtryck i Sverige. I en ny omfattande granskning kunde Göteborgs-Posten berätta om 527 fall där barn omhändertagits eller tvångsvårdats på grund av hedersrelaterat förtryck.[19] Samma undersökning visar att de allra vanligaste exemplen är att flickor övervakas, begränsas, riskerar att giftas bort och tvingas att bära slöja – ofta av sina egna familjer.

Om Barnkonventionen kommer att innebära rättsligt utrymme för begränsning av extrema hederstraditioner i hemmen får framtiden utvisa. De politiska partierna

19 www.gp.se/nyheter/göteborg/var-sjätte-niondeklassare-utsatt-för-hedersförtryck-1.10527648

har nu att positionera sig i frågor om eventuella åtgär-
der mot de traditioner som visat sig prägla generationer
och skapat ett fortgående hedersförtryck över tid.

## IX

Nu är tiden inne för att införa förbjud mot slöja på barn
i grundskolan.

Ordförandena i GAPF, Glöm Aldrig Pela och Fadime,
Sara Mohammad, och Alexandra Anstrell (m) har en....
viktig poäng i att vi politiskt ska ta konflikten med de...
familjer som vill att deras döttrar ska bära slöja i grund-
skolan. De lyfter frågan till den rätta nivån som
religionspo-litisk sakfråga, vilket det i högsta grad är.
De skriver:

*"Ett förbud gör att det är*
*samhället som tar konflikten med familjerna –*
*och inte enskilda flickor och kvinnor.*
*Det är en svår fråga men vi får inte rädas*
*diskussionen."* [20]

Redan idag finns utrymme för en sådan ordning i sko-
lans läroplan:

*"Utbildningen ska förmedla och förankra*
*respektför de mänskliga rättigheterna och de*
*grundläggande demokratiska värderinga som det*
*svenska samhället vilar på."* [21]

20 www.svd.se/utred-slojforbud-i-grund-och-forskola

21 www.skolverket.se/undervisning/grundskolan/laroplan-
och-kursplaner-for-grundskolan/laroplan-lgr11-for-
grundskolan-samt-for-forskoleklassen-och-

☐ Ett slöjförbud i grundskolan ryms inom religions-frihetens rättigheter och begränsningar. Slöja på barn i grundskolan motarbetar idén om jämställdhet. Slöja i skolan kränker flickors, och i förlängningen kvinnors, barns och HBTQ-personers rättigheter.

☐ Ett slöjförbud i grundskolan tar vi som nation också ta för att upprätthålla den västerländska judiskt-kristna traditionen.

---

fritidshemmet

# 18 Förbjud böneutrop och utländsk finansiering av moskéer

## I

I Sverige förbjuder vi inga religioner i Sverige. Alla religionsutövare, oavsett religionstillhörighet, har att följa våra lagar. Staten ska med respekt för individen skydda allas integritet och frihet och med adekvata åtgärder upprätthålla religionsfriheten inom ramarna för FN:s och Europakonventionernas mänskliga rättigheter.

På 1980-talet tog olika, för oss i Sverige nya, religiösa uttryck allt mer plats i det offentliga rummet. Senare, med etableringen av politisk islam och av islamistiskt våldsbejakande aktivism, framförs – i religionsfrihetens namn – hot och krav på bokstavstrogen tolkning och tillämpning av Koranen i vardagen.

Böneutropens intrång i våra offentliga rum, med religiöst imperativa påbud i högtalarsystem på allmänna platser hör inte hemma i vår tradition och i vår demokrati med fri och likvärdig politisk påverkan för alla.

Det är rimligt att islam i en svensk kontext anpassar sig till här gällande lagar och våra normer med religionens icke gränslösa uttrycksmöjligheter i samhället. Till skydd för statens säkerhet och för att upprätthålla vårt demokratiska statsskick behöver religionsfrihetens begränsningar preciseras.

## II

Kyrkklockan med klockringning har i Sverige en traditionell och naturlig särställning. Den är del i vårt vårt kulturarv.

Vår nation är av historiska skäl präglad av kristendomen.

☐ Kyrkors klockringning ska ha lagligt skydd inom ramen för gällande miljö- och hälsoskyddslagstiftning och förekommande lokala ordningsföreskrifter.

☐ Kyrkors klockringning ska beaktas som kulturarv och tecken på att Sverige ska upprätthållas och byggas vidare på den västerländska judisk-kristna traditionen som tjänat och tjänar oss väl.

Utöver klockringningens religiösa funktion har den tidigare använts vid väntade och oväntade profana händelser och för tidsangivelse. Idag sker klockringning mer begränsat för att kalla till eller meddela om olika högtider och riter i kyrkan.

Det finns flera exempel på att församlingar begränsat klockringningen och sänkt ljudnivån i samråd med närboende. I några fall har även klockringning anmälts och prövats. År 2018 prövades exempelvis Hedvig Eleonoras ringning (Stockholm, Östermalm), den fick fortsätta i samma omfattning och på samma nivå som tidigare. I ett annat fall (Stockholm, Kungsholmen) drev en TV-kändis på för att slippa klockringningen tvärs över gatan som han upptäckte först när han flyttat in i lägenheten. Den konflikten löste parterna själva.

## III
Det var först i februari 2013 som Botkyrka islamiska kulturförening ansökte hos polisen om att få börja med

böneutrop från Fittjamoskén. Eftersom det handlade om återkommande ljud på allmän plats hamnade ärendet hos polisen. Enligt Islamiska föreningens i Botkyrka ansökan skulle det röra sig om ett kort böneutrop på 2-3 minuter per vecka, inte fem gånger om dagen som är normalt i muslimska länder.

I april 2013 gav polismyndigheten ett tidsbegränsat tillstånd, som gällde till den 20 mars 2014. Villkoren för tillståndet var att högtalarna placerades på minaretens utsida riktades åt tre väderstreck och att ljudnivån inte översteg 60 decibel.

## IV

Kommunpolitikerna i Huddinge enades om att betrakta böneutropen som en ordningsfråga för polisen. Enstaka politiker ville se det som en politiskt principiell fråga vilket hade varit adekvat. Men ambitionen att fatta ett sådant principbeslut saknades. Beslutet blev istället att ta den enklaste utvägen där och då och behandla böneutropen som en praktisk ordningsfråga.

I Växjö överklagades ett motsvarande beslut om böneutrop. I april 2019 slog Kammarrätten i Göteborg fast att polisens beslut att där tillåta böneutropen var korrekt. Polisens beslut, som även anger hur hög ljudnivån får vara, är enligt kammarrätten "proportionerligt och väl avvägt". Rättsläget är klargjort varför generellt förbud mot böneutrop ska införas.

## V

I böneutropen utropas ett antal religiösa imperativ som inte har plats i Sverige och i vår sekulära rättsstat. Här följer en direkt översättning av böneutropet:

*Allah är störst. Allah är störst.*

*Jag vittnar att det finns ingen gud (som är värd tillbedjan).*

*Jag vittnar att Muhammed är Allahs sändebud.*

*Kom till bön. Kom till bön.*

*Kom till framgång. Kom till framgång*

*Allah är störst. Allah är störst.*

*Det finns ingen gud utom Allah.*[22]

## VI
Böneutropet proklamerar i praktiken att religionen ska ha (har) makt över människorna. (Inom eller bortom det område som utropet når?, min anm)

En annan avgörande skillnad mellan den kristna klockringningen och det muslimska böneutropet är att det senare innehåller ett religiöst artikulerat budskap i form av en allomfattande trosbekännelse. Det finns därmed starka skäl att förbjuda böneutropen. Det kräver en lagändring.

## VII
I linje med att trossamfundens offentliga ekonomiska bidrag, deras plats i de offentliga rummen och i ambitionen att hålla rågången mellan religion och politik

---

22 www dagen.se/debatt/tomas-samuel-vad-innebar-egentligen-boneutrop-1.1104635

samt att stärka omsorgen om vårt kristna kulturarv ska utländsk finansiering av moskéer förbjudas.

☐ Böneutrop från minareter och moskéer ska vara förbjudet i Sverige.

☐ Utländsk finansiering av moskéer förbjudas.

# 19 Könsstympning

## I

Sedan 1982 gäller lagen med förbud mot könsstympning av kvinnor (1982:316). Det finns endast två fällande domar från 2006. Om man är bosatt i Sverige är det även olagligt att genomföra ingreppet utomlands. I båda fallen gällde det flickor som tagits till hemlandet för att genomgå ingreppet.

Socialstyrelsen uppskattar "att närmare 38 000 flickor och kvinnor i Sverige kan ha varit utsatta för någon typ av könsstympning. Omkring 7 000 är flickor under 18 år. De största grupperna är födda i Somalia, Eritrea, Etiopien, Egypten och Gambia".[23]

## II

Omskärelse av pojkar regleras i Omskärelselagen (2001 :499) som trädde i kraft den 1 oktober 2001. Omskärelse av pojkar under 18 år är tillåtet enligt lag om det utförs av legitimerad läkare med smärtlindring och betryggande hygien.

Enligt Socialstyrelsen omskärs 2000-3000 pojkar i Sverige varje år. Enligt judisk tro ska omskärelse ske den åttonde dagen. Muslimska pojkar omskärs ibland också tidigt men ofta långt senare.[24]

---

23 Flickor och kvinnor i Sverige som kan ha varit utsatta för könsstympning , sid 12 (jan 2015)

24 www.rikshandboken-bhv.se/livsvillkor/barn-som-riskerar-att-fara-illa/omskarelse-av-pojkar/

# III

Diskussionen om tillåten eller förbjuden omskärelse av pojkar är aktuell i media efter Centerstämmans förbudsbeslut och partiledaren Annie Lööfs distansering från ombudens samlade vilja. Den svåra frågan skär genom partierna. Sannolikt kommer samtliga partier att tvingas positionera sig tydligare före valet 2022.

Sett utifrån religionsfrihetens rättigheter och begränsningar är frågan komplicerad.

☐ Med hänsyn till att frågan om manlig omskärelse har stark historisk och religiös förankring och att den kommer att aktualiseras i den religionspolitiska debatt som Sverige behöver, hänskjuter jag frågan i detta skede till vidare genomlysning av den medicinska professionen och de religiösa samfundsledarna.

Följande två citat ligger till grund för mitt förhållningssätt.

Professor Hans Rosling har i denna sak sagt:

**"Läkare och forskare ska vara mycket försiktiga
när de ger sig in på sedvänjor och säger:
Det där är fel.
Då ska man verkligen ha en forskning
som visar att det är fel,
som t ex när det gäller kvinnlig könsstympning.
Det är en vidrig sedvänja
som verkligen har fruktansvärda nackdelar
och ingen påvisad fördel.
Alla som känner till det är kraftigt emot.
Men, det vi nu diskuterar [manlig omskärelse ] –
det är en annan sak. Därför att vi har nu väl**

**kontrollerade studier**
**som visar en positiv medicinsk effekt**
**och**
**nackdelarna och riskerna är ganska måttliga och**
**minimala."**[25]

Svenska Läkaresällskapet uttalade genom Delegationen
för medicinsk etik (2011):

**"Delegationen för medicinsk etik anser**
**att beslut om icke-medicinskt motiverad**
**omskärelse av pojkar är svårförenligt**
**med respekt för barnets rätt till integritet**
**och**
**självbestämmande samt med hänsyn till barnets**
**bästa enligt FN:s konvention om barnets**
**rättigheter.**
**Det finns därför skäl att avvakta**
**med ett sådant ingrepp till dess**
**att barnet självt kan samtycka till åtgärden."**[26]

---

25 Www sverigesradio.se/sida/artikel.aspx?
   programid=3993&artikel=3031004

26 Www sls.se/PageFiles/227/000012124.pdf

# 20 Månggifte

## I

En man med flera fruar skilde sig från en av dessa som
då beviljades bostadsbidrag av Försäkringskassan efter-
som hon ansågs vara ensamstående med tre barn.

Så blir det med nuvarande lagstiftning. Därför bör
reglerna ändras.

I juli 2018 tillsatte beslöt regeringen att verka för
„Strängare regler om utländska månggiften" (Dir.
2018:68). Sammanfattning av kommittédirektivet:[1]

En särskild utredare ska undersöka hur en stark och
ändamålsenlig reglering mot utländska månggiften kan
säkerställas. I uppdraget ingår bl.a. Att

• analysera och ta ställning till hur det kan förhindras
att utländska månggiften består i Sverige,

• redogöra för rättsverkningarna av att ett utländskt
månggifte inte erkänns eller annars inte tillåts bestå i
Sverige och analysera och ta ställning till hur orimliga
konsekvenser för berörda personer kan undvikas, samt

• lämna förslag till nödvändiga författningsändringar.

## II

I dessa fall då en man med flera fruar (flera män? min
anm) söker asyl eller boende i Sverige och vill tillämpa
vår sociallagstiftning behöver reglerna uppenbart ses
över. Sverige är bundet av internationella konventioner

och ska därför se över hur tillämpningen i Sverige kan avgränsas eller regelras via bilaterala avtal.

I Sverige accepterar vinte månggifte.

Frågan utreds. Se Kommittéedirektivet Strängare regler om utländska månggiften, Dir. 2018:68. Uppdraget ska redovisas senast den 20 januari 2020.[27] Bra att frågan kommer upp till politsik debatt under år 2020 och i god tid före valet 2022.

☐ Månggifte är ska alltjämt vara förbjudet i Sverige. Individer som ingår i månggifte som ingåtts utomlands ska inte få leva och verka i den koalition i Sverige.

☐ De politiska partierna har att positionera sig i god tid före valet 2022. Utredning pågår: „Strängare regler om utländska månggiften" (Dir. 2018:68)

---

27 www regeringen.se/rattsliga-dokument/kommittedirektiv/2018/07/dir.-201868/

# 21 Ingen naturrätt i politiken (krönika)

## I

Med naturrätt förstås att det existerar rättsprinciper som är inympade i människans natur. Detta genom någon form av gudomligt ursprung eller genom någon övernaturlig, icke-religiös, grundläggande existentiell förutsättning för naturen och livet.

1900-talets ideologiska och politiska utveckling i Sverige präglades av Uppsalafilosofen Axel Hägerströms (1868 – 1939).

Efter den orienterar vi oss med rättspositivismens princip, som behandlar rätten som en konstruktion. Därmed är rätten inte grundad på en universell moral. Rättspositivismens motsats är i högre eller lägre grad naturrätten.

I Sverige har den rättspositivistiska traditionen ett starkt fäste. Efter andra världskriget när de demokratiska par-tierna åter formerade sig ute i Europa fanns naturrätten där som ett kulturellt arvegods. Den tyska författningens portalparagraf har förankring i den naturrättsliga filosofin.

## II

All lagstiftning är i någon mening värdeorienterad. Vi utgår från att alla ska vara lika inför lagen, att majoritetsbeslut ska garantera rättssäkerhet för minoriteten/oppositionen och att tanke- och åsiktsfrihet skyddas. De utgångspunkterna förutsätter en målinriktad lagstiftning.

Medborgarna kan inte garanteras några rättigheter eller avkrävas några skyldigheter utan lagstiftning.

Däremot kan och ska olika filosofiska, moraliska och reli-giösa tankefigurer fritt få verka som inspiration och väg-ledning för politiskt idéarbete och medborgares visioner för att nå sina materiella och immateriella mål.

## III

När den engelska filosofen John Locke (1632-1704) ger sin syn på behovet av en konstitution (Two Treatises of Civil Government – "Två avhandlingar om styrelse-skicket" 1690) hänvisar han till till aposteln Paulus brev till Romarna, det 13:e kapitlet: "ty överheten är en Guds tjä-nare, dig till fromma. Men gör du vad ont är, då må du frukta; ty överheten bär icke svärdet förgäves, utan är en Guds tjänare, en hämnare, till att utföra vre-desdomen över den som gör vad ont är." Citatet påvisar det otidsenliga i att idag legitimera naturrätten som en grund för eller del i den västerländska rättsstatens lag-stiftning.

Att stödja sig på naturrätten i sakpolitiska samtal är ohållbart. Naturrätten ska hänvisas till samma av-gränsade plats som de religiösa och de filosofiska mo-dellerna, som tankegods och inspiration, inför analyser och ideologiska avvägningar i den sekulära rättsstatens lagstiftningsarbete.

## IV

Det råder en spänning mellan FN:s och UNESCO:s syn på religionsfrihetens form och tillämpning. Man talar om ´asiatiska värden´ som har mer fokus på individens skyldigheter mot gruppen och gemenskapen och mind-re på individens rättigheter gentemot staten.

81

Politikens förhållningssätt till religionen (islam) är i Asien ett annat än i de västerländska demokratiska statsskicken. I Asien avvisas inte religiösa källor och dogmer som legi-tima källor i politiken. Se kapitel 4.

Naturrätten kan av rättsstatens belackare användas för att legitimera den form av politisk islam som i vårt land prövar och tänjer på religionsfrihets gränser – i religionsfrihetens namn – och som inte sällan arbetar för att införa sharialagar som ett politiskt yttersta mål.

## V

Det är inte osannolikt att det i de allmänna valen i Sverige 2022 kommer att finnas ett eller flera också konfessionella muslimska partier – utöver de hittills icke-konfessionella partibildningarna som berörts på annan plats i denna skrift – som kandiderar till riksdag, kommun, landsting eller region..

Religiösa extremister, autonoma vänstern, högerextremister och andra omstörtande krafter möter vi med rättspositivism. Det sekulära rättssamhället är garanten för trosfrihet och åsiktsfrihet utan teokratiska överrockar.

## 22 Religionen – människans evige följeslagare (krönika)

*Mystik, vidskepelse, skrock och folktro samt religiös tro har alltid haft en plats i människans liv. Blickar vi bakåt kan religion – i någon form – ses som människans och statsbildningars evige följeslagare. I denna krönika görs ett försök att ur de långa erornas perspektiv ställa frågor kring religionerna rättmätiga plats i dagens sekulära, demokratiska rättsstater.*

*I en svensk religionspolitisk debatt ska vi särskilja lösa tyckanden och fördomar om de religiösa samfundens verksamheter samtidigt som vi inte ska blunda för trossamfundens egenintressen i att pocka på statens resurser och pröva religionsfrihetens rättigheter och begränsningar.*

## I

Från 9 500 f Kr finns lämningar från jägar- och samlarkulturer som Göbekli Tepe i Turkiet med stenmonument som utsmyckats för mytiskt kulturella syften. Stonehenge som byggdes i England 2 500 f Kr är ett annat exempel.[28]

Människan har manifesterat sin utsatthet och sina förhoppningar inför naturens krafter. Tidigt upplevde människor en skräckblandad vördnad och fruktan inför verklighetens oförklarliga sammanhang. Lager på lager

---

28  Fakta och inspiration från Yuval Noah Harans bok
    Sapiens : en kort historik över mänskligheten

av fantasier och tro har blivit fundament för nya tanke-konstruktioner, varv några har mynnat ut i olika religioner.

## II

De tre monoteistiska religionerna judendom, kristendom och islam uppstod i Sydvästasien med namngivna instif-tare. Enligt Bibeln bildades jorden för cirka 5 500 år sedan och i urkunderna finns profetior om gudomliga sändebud som skulle verka på jorden. För dryga 2 000 år sedan uppstår kristendomen, cirka 600 år senare islam.

## III

Religionsutövare idag utgör ett vitt spann från fanatiskt bokstavstrogna tolkare av sina urkunder till religiösa ledare som med referenser till samma urkunder gör sina tolkningar för nutida tillämpning.

I vissa länder tolkas urkundernas texter som en gudens lag som tillämpas som grund för statens rättsordning. I de flesta länder med religionsfrihet (enl FN) tillämpas och uppfattas religiösa urkunder som en kulturell inspirationskälla och moralisk kompass. Parallellt med detta engage-rar sig många medborgare mot religionens plats och verk-ningar i det samhälle de lever i.

Enligt en rapport från Win/Gallup International Association (2015) rankas Thailand, Armenien och Bangladesh som de mest religiösa länderna i världen. Nästan nio av tio personer ser där sig själva som troende. De minst religiösa länderna är Kina, Japan och Sverige, i nu nämnd ordning. I ett internationellt perspektiv utgör Sverige såle-des en ytterlighet. I Europa säger drygt hälften av invånar-na att det finns en gud, i Mellanöstern svarar nästa alla ja på den frågan.

## IV

Religion i olika former kommer alltid – i olika grad – att engagera och fängsla människor. Grundlagsskyddad religionsfrihet är en av flera förutsättningar för ett demokratiskt statsskick och också en faktor i förhandlingsarbetet för global fred.

Människan utvecklar ständigt sina kunskaper om världen och sina sinnens potential. Många människor väljer att uppfatta både det oförklarliga och det förklaringsbara som reella förutsättningar för sitt liv här på jorden. För många får metafysiken ta vid där vetenskapen tar slut.

## V

Sambandet mellan hjärnans belöningssystem och vårt agerande är väl utforskat. I belöningssystemet får vi effekter av välbefinnande och lyckorus genom upplevelser och fysiska aktiviteter. Mat, sex, framgångar och häftiga upplevelser triggar belöningssystemet liksom också skadliga och tärande faktorer såsom droger och destruktivt beteende. På allt detta reagerar hjärnans signalsystem förutsägbart oavsett om det handlar om uppbygglig eller fördärvlig stimulans.

Fred Nyman, professor i biologisk beroendeforskning, spekulerar i frågan om hjärnans belöningssystem också kan påverka en persons öppenhet för (eller slutenhet mot, min anm) andliga frågor. Han ställer frågan: "Finns Gud med i detta".[29]

I en föreläsning som jag lyssnade på lyfte han särskilt fram kristendomen. Att lyfta fram en religion före en annan som särskilt potent att påverka hjärnans belöningssystem utan att redovisa forskning som styrker denna precisering är anmärkningsvärt. Han gör också sakfrågan en otjänst även utanför forskarvärlden, där populister gärna plockar upp kvasiargument för och emot religionernas plats och verkan i ett rättssamhälle. I en kort mailkontakt med mig backade han dock från antydningen att kristendomen framför andra religioner skulle ha en särskild inverkan på hjärnans belöningssystem.

## VI

Ingen demokrati är en rättssäker stat utan starkt juridiskt skydd för en religionsfrihet som stadfäster både rättigheter och begränsningar i andra lagar.

Makthavare har i alla tider försökt nyttja religionen för sina egna materiella eller ideologiska syften. Även förbud mot en viss eller all religionsutövning har pådyvlats folk med samma maktpolitiska syften.

Religionsfriheten måste försvaras av fler än ansvariga politiker. Samtidigt behöver många religiösa utövare själva hålla en sund distans till praktisk tillämpning av de religiösa urkundernas bud och normer. Att tolka in

---

29 "Finns Gud i detta?" Centrumkyrkan, Sunbyberg: 29 okt 2017 kl 16-21 Seminarium om tro och andlligeht, Fred Nyberg, internationellt känd forskare och professor i biologisk beroendeforskning vid Uppsala universitet

sanktioner som hot och våld mot de som inte tolkar tex-
terna till de andliga ledarnas belåtenhet är oförenligt
med den demokratiska rättsstaten.

Spänning och fysiska konflikter mellan bokstavstrogna
utövare av världsreligionerna ska i demokratiska rätts-
stater ytterst hållas tillbaka av genom grundlagsfäst re-
ligionsfrihetens begränsningar. I Sverige får konflikten
mellan extremistiska religiösa företrädare och medbor-
gare som försvarar den västerländska religionsfrihetens
normer inte hänskjutas till närmast berörda lokala sam-
fundsledare och kommunpolitiker. Här har de politiska
partierna och Riksdagen att ta sitt ansvar.


De politiska partierna behöver fortbilda sina medlem-
mar om vad den svenska religionsfriheten innebär. Par-
tierna ska också på kommun- och regionnivåerna och
nationellt verka för att reglerna för offentliga förenings-
bidrag skärps så att dessa inte kan användas aktörer
som undergräver vår religionsfrihet och hotar vår de-
mokrati.

# 23 Abrahamitiska religionerna 2.0 (krönika)

## Abrahams ättlingar

Judendomens, kristendomens och islams profeter Moses, Jesus och Muhammed ses som ättlingar till patriarken Abraham. De antas ha dött år 1407 f Kr, år 33 respektive år 632. Under en period på cirka 2000 år föddes instiftarna till det som vi idag kallar de abrahamitiska religionerna. Och drygt 2000 därefter har de tre religionerna totalt 4,1 miljarder anhängare av jorden totala befolkning på 7,7 miljarder människor (varav judendomen har 15 miljoner, kristendomen 2,4 och islam 1,7 miljarder).

## Religion och politik

Statsöverhuvuden och samhällssystem har lockats till och nyttjat religionernas förmåga att ena stora kollektiv. Sådana kan köpas eller tvingas till underkastelse för att säkerställa politisk och militär den makt över längre eller kortade tidsepoker.

Ett tidigt exempel är kejsar Konstantin som redan på 300-talet ställdes inför en religiös rörelse, kristendomen, av oanade mått. I det maktpolitiska läge som rådde, beslöt han, för sina syften, att göra kristendomen till statsreligion. Omvänt har religiösa ledare låtit sig omvändas att anta religionstillhörigheter med dess dogmer för nå sina och sina landsmäns maktpositioner.

## FN-deklarationen

Med FN:s mänskliga rättigheter (1948) stadfästes religionsfriheten som garant för medborgarnas religiösa rättigheter gentemot staten.

Med den västerländska kristna traditionen i modern tid har rågången mellan religion och politik tagit fastare och sundare form. Samtidigt hålls i teokratierna ett fast religiöst och politisk grepp om medborgarna genom att rättsordningarna där utgår från Koranen.

I FNs deklarationer om de mänskliga rättigheterna, religionsfriheten och åsiktsfriheten skyddas människors religiösa tro och trostillhörighet samt deras rätt att lämna eller byta religion. Samtidigt erkänner FN inte någon överstatlig lag.

Mot detta har ett antal asiatiska länder slagit fast i Kairodeklarationen år 1999 att sharia är deras enda rättsliga grund. Saudiarabien, som ratificerat ett flertal FN-deklarationer, uttalar att landet endast anser sig bundet av åtagandena i FN:s konventioner i den mån de inte strider mot landets religiösa lagstiftning sharia enligt Koranen.

**Ambitiös debattartikel**

Interreligiösa kontakter (mellan världsreligionerna) pågår idag på högsta nivå med varierande konkretion. Så även i Sverige. Salahuddin Barakat, imam och grundare av Islamakademin, Anna Carlstedt, nationell samordnare mot våldsbejakande extremism, Antje Jackelén, ärkebiskop Svenska kyrkan och Aron Verständig, ordförande Judiska centralrådet.

De skriev en debattartikel 1 juli 2017, "Religion kan leda människor ut ur våldsbejakande extremism", på DN-debatt. Den är värd att uppmärksamma. De skriver om fredsdialoger och fredsprojekt och men tar endast pliktskyldigast avstånd från de religiösa onda krafter som missbrukar religionen och religiosnfriheten för sina extremistiska syften.

De vill öka statusen för de abrahamitiska religionerna som en global fredsmäklare. Visst ska den interreligiösa dialogen bidra till att hindra religiös extremism. Jag har full respekt för deras uppsåt och jag inser att de vill gå till verket uran att ofrivilligt hamna i den inhemska och internatioella polariserade debatten.

Men utan sekulära, demokratiska, rättsstater som kontrollerar sina territorier kommer artikelförfattarnas världsliga fredsprojekt att stå på lösan grund. Varaktig fred som inte undergrävs av religiöst våldsbejakande extremism kräver grundlagsfäst religionsfrihet med rättigheter och skyldigheter. I teokratier kan inte Koranen som grund för rättsordningen ifrågasättas. En stat utan religionsfrihet är ett hot mot genuint övertygade religionsutövare och de som vill slippa religiöst integritetskränkande normer.

Artikelförfattarna kunde ha varit tydligare och beskrivit hur de i ett första steg ämnar agera konkret på svensk mark.

**Politik och civilsamhälle**

Joel Halldorf, docent vid Uppsala universitet med fokus på religion och modernitet, lyfter i sin bok "GUD-återkomsten" (2017, Libris förlag) fram gemenskapernas goda och konstruktiva kraft till sammanhållning och stabilitet i samhället. Även om han medger att det finns gemenskaper med onda och destruktiva syften är han en tålmodig betraktare som inte har något att säga om hur vårt rättssam-hälle idag ska skydda sig mot extremistiska bokstavstolkare av samma religiösa urkunder som Halldorf ser som goda inspirationskällor för harmlösa – eller i hans mening – goda religiösa gemenskaper.

Hans ärende är att ensidigt lyfta fram och mana oss läsare att främja de religiösa gemenskaper som växer sig allt starkare och "som är här för att stanna". Han benämner detta tillstånd – som vi nu befinner oss i – som "det postsekulära samhället.

## Religionernas och politikens ekosystem

Begreppet "demokratins ekosystem" använder Joel Halldorf "Gud: återkomsten" för att förklara att den sekulära demokratin behöver det postsekulära samhällets religiösa influenser som moralisk kompass. Halldorf tassar runt politikens uppgift och samhällsansvar i det att han endast saknar ett nytt "demokratins ekosystem". Den sekulära rättsstaten med en stark religionsfrihet med rättigheter och begränsningar för alla behöver också religiösa ledare som inser och bejakar att de oundvikligen har att verka i ett *"politikens ekosystem"*. Det betyder inte att de behöver agera partipolitiskt men de måste visa att de förstår och accepterar politikens och lagstiftarens uppgift för att upprätthålla optimal religionsfrihet.

### 'Abrahamitiska religioner 2.0' - inom räckhåll?

I Halldorfs postsekulära samhälle (i svensk kontext) finns förhoppningsvis en första grund för de abrahamitiska religionernas företrädare på alla nivåer att hålla isär sina politiska och religiösa ambitioner under det att de utgår från att alla religioner utövas i någon form inom politiska och sekulära, juridiska legala ramar.

När den insikten har satt sig har världsreligionernas
företrädare – lokalt och globalt – en stark grund att stå
på i sitt uppdrag att bygga fred och försoning över tid.
Det kan manifesteras redan nu i ett interreligiöst
fredarbete på svensk mark. Förslagsvis i en ny tanke-
smedja – förslag på arbetsnamn: 'Tankesmedjan
Abrahamitiska religioner 2.0'.

# 24 Nya religiösa rörelse
## i vid bemärkelse (krönika)

**I**

"Nya religiösa rörelser" (NRR) är ett samlande begrepp för nya andliga och religiösa grupper i västvärlden. NRR saknar sällan äldre förebilder. De har med stor variation uppstått de senaste femtio till sextio åren. Flera av dem har rötter i någon av världsreligionerna. Det nya består i omtolkningar, omskrivningar, hopkopplingar och förnyelse av äldre känt material. Utöver det finns tillkomna religiösa tankebyggen som grundas på helt nya läror, Scientologikyrkan brukar tas som exempel på en av de mest kända i den kategorin.

**II**

Som kuriosa kan andra religionsbyggen nämnas. Somliga syftar till att praktiskt, ekonomiskt, juridiskt och/eller ideologiskt nyttja religionens plats i samhället för sin opinionsbildning, för ett särintresse eller också för att skapa utrymme och lagligt skydd för en genuint religiös tro.

Under senare tid har några sådana organisationer fått samfundsstatus. Dessa nya aktörer tycks se möjligheten att nyttja religionsfrihetens grundlagsskydd som en frizon och inom den skapa spektakulär uppmärksamhet. För företrädare med religiöst extremistiska visioner och mål är organisationsform med samfundsstatus ett naturligt alternativ.

I kapitel 2 nämns **fild**elningsreligionen "Det Missionerande Kopimistsamfundet" ett svenskt exempel på NRR. Den fick trossamfundsstatus av Kammarkollegiet år 2012, Grundare av samfundet är Gustaf Nipe, han var då ordförande i Piratpartiets ungdomsförbund. Syftet var att skapa en väg för Piratpartiet att verka för rätten att fildela olagligt ( – i skydd av religionsfriheten i väntan på ny lagstiftning? Min anm).

## III

Katherine Cash, religionsfrihetsexpert på Svenska missionsrådet, hade förståelse för (Dagen 22/3 2012) "att Kammarkollegiet gav kopimisterna status som samfund, eftersom de uppfyllde alla formella krav. Myndigheter har inte till uppgift att bedöma vad som är en genuin tro. Vidare sade hon att det är problematiskt att lagen är skriven så att man måste använda sig av ett religiöst språkbruk för att kunna få juridiskt skydd för sin övertygelses skull."

Min kommentar: Men rättsligt skydd för sin övertygelse har man i princip genom yttrandefriheten och åsiktsfirheten. Registrering som trossamfund enligt Lagen om Trossamfund är inte tvingande men den ger samfund bl a status som juridisk person med möjlighet att företräda sina medlemmar. Se kapitel 8.

I juli 2010 aviserade Piratpartiet att satsa på nytt inför valet 2022. Civilingenjören Katarina Stensson har därefter valts till deras nya partiledare. Hon ersätter Magnus Andersson, som suttit som partiledare sedan våren 2016.[30]

---

30 www omni.se/katarina-stensson-blir-nypartiledare-for-piratpartiet/a/MRJq8J

## IV

Ett annat exempel på att driva politisk opinion med "religiösa förtecken" är "Den flygande spagettimonsterkyrkan" som antagits som samfund i Tjeckien. Den bildades 2005 i protest mot utbildningsstyrelsen i Kansas och dess beslut att intelligent design skulle läras ut som ett vetenskapligt alternativ till evolution i delstatens skolor (ett beslut som senare upphävdes).

Det flygande spaghettimonstret har sedan blivit ett internetfenomen. Nederländerna erkände pastafarism som religion den 23 januari 2017. Nya Zeeland gav FSM rätten att genomföra vigslar 10 december 2016. I Nebraska, USA, fastställde den federala domstolen i april 2016 att det flygande spagettimonstret inte är en gud. (enl Wikipedia). 2006 släpptes "Evangeliet om det flygande spagettimonstret", pastafariernas och spagnostikernas egen bibel.

## V

I det offentliga samtalet finns det anledning att särskilja organisationer med religiös kallelse och övertygelse, i traditionell mening, från organisationskonstruktioner vars syfte uppenbarligen är opinionsbildning eller politisk påverkan med religionsfriheten som spektakulär murbräcka och oväntat PR-verktyg.

# 25 Frikyrkorna måste försvara religionsfrgionsfriheten (Debattartikel)

*Med den partiella skilsmässan mellan Svenska kyrkan och svenska staten har Frikyrkorna en särskild, egen och viktig samhällsroll i Sverige. Denna är en replik i detta ämne i Dagen den 2 oktober 2019.*

**De dygder och normer som tjänat oss väl ska upprätthållas.**

På ledarplats den 20 september lyfte Dagen fram Dan Ro-sendahls doktorsavhandling "Causes, consequences and cures of role stress among Swedish freechurch pastors" (Joakim Hagerius: För många pastorer ger upp i förtid).[31]

Den behandlar frikyrkornas inre systemuppbyggnad med dess brister, problem och styrkor. I en intervju påpekar Dan Rosendahl att varje församling måste ställa sig frågan om den är relevant.

Vi får inte blunda för att det finns ett religiöst omvandlingstryck i civilsamhället som genererar nya kriterier för vad som är relevant för varje församling. Ute i församlingsmedlemmarnas vardag förändras både de sekulära och religiösa miljöerna med islams frammarsch.

I vissa muslimska grupperingar definieras inte begreppen demokratisk rättsstat och religionsfrihet på samma sätt som hos vår breda kristna och vår sekulära allmän-

---

31 www  dagen.se/ledare/joakim-hagerius-for-manga-pastorer-ger-upp-i-fortid-1.1587610

het. I muslimska stater vilar rättsordningen på Koranen och sha-rialagar och där är det förbjudet att ifrågasätta islam och att lämna sin tro. Alla medborgare, med eller utan egna religiösa preferenser, känner även av återkommande mus-limska påtryckningar i vårt land.

Frikyrkorna ska inte agera partipolitiskt men de bör våga försvara den religionsfrihet som är allas vårt juridiska kulturarv och som garanterar frikyrkornas rätt att existera − och alla människors rätt att välja sin tro eller ingen alls.

Teologi rymmer exegetik men problematiserar i praktiken också hur religionen ska tillämpas över tid. I interreligiösa samtal har frikyrkorna en uppgift i att förklara att religionsfriheten i sig ger energi och inspiration för alla som i öppna samtal vill verka för en värld med plats för individuella och gemensamma trosuppfattningar. Det gäller allt från existentiella frågor till respekt och tillit till sin nästa.

Utöver politiker behöver även trossamfunden här och nu − på sina arenor − upplysa och vägleda inhemska och globala krafter som tummar på vår religionsfrihet med dess rättigheter och begränsningar.

Frikyrkorna är goda representanter för folkrörelserna som från 1800-talets mitt och framåt praktiserade det folkbildningsideal som vi i dag behöver återuppliva. De bidrog till att förverkliga vår demokrati, som vi i dag tar alltför given.

Man behöver inte ta partipolitisk ställning för att försvara sin rätt att utöva sin tro. Men det är en frikyrklig underlåtenhet att glömma sin historia och inte ta ställning mot religiös lagstiftning och teokrati.

Och, självklart, vi politiker har att ta vårt ansvar. I opinions- och lagstiftningsarbetet behöver vi tydligt visa att Sverige ska vidareutvecklas på den västerländskt judisk-kristna traditionen som tjänat oss väl. Trots övertramp, har den västerländskt judisk-kristna traditionen visat sig vara den stabila grunden för människors existentiella val, politiska frihet och materiella välstånd. De dygder och normer som tjänat oss väl ska upprätthållas.

Frikyrkornas bästa tid är kanske nu. Dags för samfundsaktiva, religiöst orienterade och alla oss andra att agera mot de krafter som eftertraktar sharialagar eller annan lagstiftning som lånas från religiösa urkunder. Hot mot vår religionsfrihet är ett hot mot vår demokrati.

# 26 Praktisk religionspolitik
## – 29 konkreta förslag

Vi tillämpar vår grundlagsskyddade religionsfrihet i enlighet med FN:s mänskliga rättigheter och Europeiska protokollet om mänskliga rättigheter (svensk lag sedan 1995).

Den grundlagfästa religionsfriheten regleras i andra lagar och i förordningar. Rågången mellan politik och religion ska upprätthållas av politiker på alla beslutsnivåer.

På nationell nivå ska den sekulära, rättssäkra religionsfrihetens rättigheter och begränsningar följas upp. Vid behov ska lagar reformeras och nya komma till.

### Kapitel 1: Ett politiskt sakområde

☐ Med information och opinionsbildning ska förståelse och respekt etableras för Sverige som sekulär, demokratisk rättsstat.

☐ Sverige ska alltjämt och framgent vila på – och ska byggas vidare på – den väster-ländska judisk-kristna traditionen.

☐ Religionsfriheten med dess rättigheter och begränsningar ska upprätthållas inom de ramar som FN:s skydd för mänskliga rättigheterna och Europakonventionens skydd för de mänskliga rättigheterna stipulerar.

☐ I Sverige ska vi upprätthålla religionsfriheten genom att ta ställning till vilka fler och nya religiösa symboler och handlingar som ska skyddas i lag och vilka som ska förbjudas i lag.

## Kapitel 3: Religionsfriheten och vårt kristna arv

☐ Sverige ska alltjämt och framgent vila på – och ska byggas vidare på – den västerländska judisk-kristna traditionen.

☐ Religionsfrihetens rättigheter och begränsningar måste ständigt försvars och upprätthållas.

☐ Religiösa och politiska opinionsbildare som verkar för en teokratisk rättsordning ska bemötas med politiska argument.

☐ Den kontraproduktiva eftergiftspolitiken i religionsfrihetens namn mot teokratiska strömningar och politisk islam måste upphöra. Den gagnar inte minst islamister som vill omdana vår rättsordning.

☐ Det behövs träffsäker lagstiftning som främjar den västerländska judisk-kristna traditionen på minsta möjliga bekostnad för andra religioners traditioner.

## Kapitel 4: Olika syn på religionsfrihet

☐ Sverige ska gå i bräschen och tydligt försvara skrivningarna i FN:s mänskliga rättigheter.
☐ Sverige ska avvisa de "kompletterande grupprättigheter" som UNESCO förordar.

## Kapitel 6: Kairodeklarationen versus FN

☐ Människor med olika religiösa tillhörigheter ska

kunna leva sida vid sida och tillsammans i Sverige med vår garanterade religionsfrihets rättigheter och begräns-ningar

## Kapitel 7: Demokrati och rättsväsende står över religionsfriheten

☐ Ingen religiöst bokstavstrogen urkundstillämpning kan hos oss ha eller få rättsligt verkan utan riksdagsbeslut inom ramen för FN:s och EU:s konventioner om de mänskliga rättigheterna – med de eventuella begränsningar som anges i svensk lag.

## Kapitel 8: Lagen om trossamfund

☐ Lagen om trossamfund ska kompletteras. Se kapitel 9.

## Kapitel 9: Ansvarig förkunnare

☐ Lagen om trossamfund ska kompletteras. Alla registrerade trossamfund ska åläggas att utse sin ansvarige förkunnare.

## Kapitel 10: Skrota lagen om Svenska kyrkan

☐ Lagen om Svenska kyrkan ska skrotas.

☐ Trossamfunds affärsverksamheter ska vara momsbefriad.

☐ Den statliga servicen att inkassera Svenska kyrkans och ett antal andra trossamfunds medlemsavgifter ska avvecklas.

☐ Den kyrkoantikvariska ersättningen från staten som infördes 2002 ska fördubblas (till 920 miljoner kronor) och indexregleras från denna nivå.

☐ I s amband med att Lagen om Trossamfund ändras och ålägger registrerade trossamfund att utse sina ansvariga förkunnare, ska det också gälla för trossamfundet Svenska kyrkan. Se kapitel 9.

## Kapitel 11: Ingen vigselrätt för trossamfund

☐ Vigselrätten för Svenska kyrkan och övriga trossamfund ska återkallas.

☐ Civilrättslig förrättning för att ingå äktenskap ska vara obligatorisk.

☐ Alla som vill kan därutöver fira eller stadfästa vigseln med en religiös eller profan ceremoni.

## Kapitel 14: Förstatliga Folkbildningsrådet

☐ Regeringen bör utan vidare utredningar förstatliga Folkbildningsrådet för alla olika intressenters och politikers fulla insyn i verksamheten.

## Kapitel 17: Förbud mot slöja/heltäckande plagg

☐ Ett maskeringsförbud enligt dansk modell ska införas i Sverige. Det ryms inom ramarna för vår religionsfrihet utan att i oförsvarlig grad inkräkta på den personliga integriteten.

☐ Ett slöjförbud i grundskolan ryms inom religionsfrihetens rättigheter och begränsningar. Slöja på barn i grundskolan motarbetar idén om jämställdhet. Slöja i skolan kränker flickors, och i förlängningen kvinnors, barns och HBTQ-personers rättigheter.

☐ Ett slöjförbud i grundskolan tar vi som nation också ta för att upprätthålla den västerländska judiskt-kristna traditionen.

## Kapitel 18: Förbjud böneutrop

☐ Kyrkors klockringning ska ha lagligt skydd inom ramen för gällande miljö- och hälsoskyddslagstiftning och förekommande lokala ordningsföreskrifter.

☐ Kyrkors klockringning ska beaktas som kulturarv och tecken på att Sverige ska upprätthållas och byggas vidare på den västerländska judisk-kristna traditionen som tjänat och tjänar oss väl.

☐ Böneutrop från minareter och moskéer ska vara förbjudet i Sverige.

## Kapitel 19: Könsstympning

☐ Med hänsyn till att frågan om manlig omskärelse har stark historisk och religiös förankring och att den kommer att aktualiseras i den religionspolitiska debatt som Sverige behöver, hänskjuter jag frågan i detta skede till vidare genomlysning av den medicinska professionen och de religiösa samfunden.

**Kapitel 20: Månggifte**

☐ Månggifte är ska alltjämt vara förbjudet i Sverige. Individer som ingår i månggifte som ingåtts utomlands ska inte få leva och verka i den koalition i Sverige.

☐ De politiska partierna har att positionera sig i god tid före valet 2022. Utredning pågår: „Strängare regler om utländska månggiften" (Dir. 2018:68)